KB174716

노래 처럼 따라 하는

저절로
중국어
회화 첫걸음

노래처럼 따라 하는

저절로

중국어

회화 첫걸음

중국어를 처음 시작하는 학습자 여러분께

우리는 왜 항상 중국어의 시작이

어렵게 느껴질까요?

그것은 바로 소리에 익숙하지 않으면서

동시에 글과 말을 배우기 때문입니다.

복잡한 중국어의 소리(발음과 높낮이)를
한 번에 해결할 수는 없을까요?

따라만 읽으면 신기하게 기억나는
"저절로 중국어"가 정답입니다.

잘 지내니?

높은 음	이		
중간 음	니		마?
낮은 음		하오	

니이하오마?

책의 구성 및 특징

Part 1 말하기 준비운동 '중국어 발음'

Intro. 중국어 발음 특징 소개

본격적으로 발음을 학습하기 전에 중국어 발음의 특징 및 주의할 사항들을 짚어보게 하여 학습의 이해를 도와줍니다.

발음연습 자음 & 모음

중국어 발음을 우리말의 자음, 모음과 1:1 매칭하여 이해하기 쉽게 설명하였으며, 모든 발음은 예시를 추가하여 MP3를 통해 바로바로 확인이 가능합니다.
Part1이 끝난 후에는 중국어 발음을 직접 적어보면서 학습한 내용을 점검할 수 있습니다.

Part 2 말하기 준비운동 '중국어 높낮이'

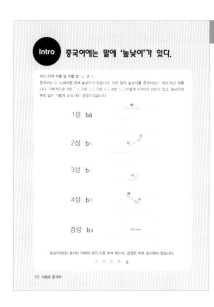

Intro. 중국어 높낮이 소개

중국어 발음의 높낮이 변화를 화살표를 통해 쉽게 이해하고, 중국어 높낮이 학습에 있어서 꼭 알아야 하는 발음학습 Tip 3가지를 알려줍니다.

높낮이 연습 1, 2, 3, 4성 + 경성

각각의 중국어 높낮이를 다양한 예시로 연습해보세요. 모든 예시는 오른쪽 한글 독음을 따라 읽으면 발음과 높낮이를 한 번에 완성할 수 있습니다.
Part2가 끝난 후에는 중국어 높낮이를 알맞은 위치에 직접 표시히면서 학습한 내용을 점검할 수 있습니다.

Part 3 저절로 말하기 '기초 필수 표현'

중국어 필수 인사, 상태, 감정, 동작

우리가 외국어를 배우고 바로 사용할 수 있는 가장 기초적인 인사, 상태, 감정, 동작 등의 표현 40개를 담았습니다.

MP3를 들으며 발음악보를 따라 연습해보세요. 발음이 완전히 익숙해지면 '도전! 실전 말하기'에서 중국어 발음만 보고 읽어봅니다.

쓸 줄 알아야 진짜 아는 것이다!

발음악보를 통해 학습한 내용을 직접 따라 써보면 더욱 정확한 높낮이를 기억하게 됩니다.

중국어 말하기만으로 부족하신 분들은 별책 부록 「간체자 쓰기 노트」로 한자와 발음을 정확히 따라 적는 연습을 해보세요.

Part 4 저절로 말하기 '**표현 확장**'

단어만 교체하면 가능 표현이 3배!

앞에서 배운 동사들을 활용하여 '누가'와 '무엇'만 바꾸면 표현할 수 있는 문장이 3배로 늘어납니다.

원어민 MP3 녹음을 들으며 교체 단어들과 활용 문장을 반복적으로 연습할 수 있습니다.

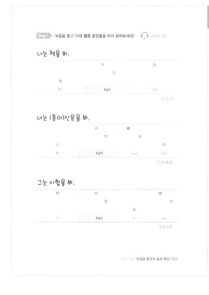

3단계 표현 학습

Step1 발음악보로 문장을 외우자!
Step2 발음 기호만 보고 읽어보자!
Step3 한자를 눈으로 익혀보자!

먼저 발음악보로 표현을 쉽고 빠르게 익힌 후, 실제 발음 기호만 보고 읽어봅니다. 마지막으로 학습한 문장을 읽으며 한자까지 익숙해져 보세요.

학습 자료 소개

1. 교재 직강 생생 음성강의

매 과마다 제공되는 음성강의로 1:1 과외처럼 실시간 학습 가능!

중국어의 시작이 부담스러운 분들을 위해 기초 학습에 꼭 필요한 맞춤형 음성강의를 제공합니다. 교재 내용을 1:1 과외처럼 친절하게 설명해 주는 '저절로 중국어 회화 첫걸음' 음성강의 팟캐스트와 함께 부담없이 즐겁게 공부해보세요.

〈저절로 중국어 회화 첫걸음〉 음성강의 팟캐스트를 듣는 방법 안내 :

1) QR 코드 스캔
스마트폰에 QR 코드 리더를 설치하여 교재의 QR 코드를 인식합니다.

2) 팟빵 팟캐스트 검색
팟빵 팟캐스트에서 〈저절로 중국어 회화 첫걸음〉을 검색합니다.

2. 원어민 MP3 파일 무료 다운로드

모든 과에는 원어민의 음성으로 녹음된 MP3 파일이 수록되어 있습니다. 교재의 학습 내용을 먼저 스스로 읽어본 후에 원어민의 발음을 들으며 따라 해보세요.

MP3 무료 다운로드 방법 안내 :

www.edusd.co.kr에 접속 후
상단 항목 중 MP3를 클릭합니다.

〈저절로 중국어 회화 첫걸음〉을 검색
후 파일을 내려받습니다.

3. 첫걸음 필수 단어 100(원어민 MP3)

본문에 나와 있는 주요 단어에 실생활에서 꼭 필요한 필수 단어들을 추가하여 100개의 단어로 정리하였습니다. 한글 독음에 맞추어 원어민 MP3로 함께 학습해보세요.

MP3 원어민 발음 확인

다양한 테마의 단어 수록

숫자, 요일, 가족, 사람과 직업,
동작, 감정, 상태, 시간, 의상
등 기초 필수단어 총 집합!

▶MP3 다운로드 방법은 '2. 원어민 MP3 자료 무료 다운로드'와 동일합니다.

4. 별책 부록 - 저절로 중국어 간체자 쓰기 노트

본문에서 학습 후 별책 부록에서 쓰기 연습이 가능!

중국어의 한자는 우리나라에서 사용하는 한자와 그 모양이 다르기 때문에 직접 써보는
연습이 가능한 쓰기 노트를 별책 부록으로 제공합니다.

총 4회 쓰기 연습 진행

문장 따라쓰기 3회
직접 쓰기 1회

목 차

말하기 준비운동 하나!

중국어 발음 연습

어서와~
중국어는 처음이지?

중국어를 처음 시작하는 여러분!
우리가 중국어 공부에서 가장 먼저 해야 하는 것은 발음을 익히는 것입니다. 우리말의 발음이 자음과 모음으로 나누어 지듯이 중국어도 이와 비슷합니다. 한국어 독음을 통해서 중국어 발음이 어떻게 나는지 쉽게 공부해봅시다. 출발~!!

 **Intro** ## 중국어는 '발음표기'가 따로 있다.

우리말은 글자를 보면 바로 읽을 수 있지만, 중국어는 쓰는 한자와 읽는 발음이 다른 언어입니다. 그래서 어려운 한자를 쉽고 편하게 읽기 위해 모든 한자를 알파벳을 이용해 발음을 표기하는데 이 것을 '병음'이라고 합니다.

你　　　好　　　吗 ?

nǐ [니이]　　hǎo [하오]　　ma [마]

'너 잘 지내?'라는 의미의 nǐ hǎo ma? [니 하오 마]에서 발음이 시작되는 [n, h, m]을 '성모'라고 말하고, 그 뒤 나머지 [i, ao, a]를 '운모'라고 합니다. 본 교재에서는 중국어 입문자들의 이해를 돕기 위하여 '성모'와 '운모'를 각각 우리말의 '자음'과 '모음'으로 부르도록 하겠습니다.

좋다 (好)　　h ao

자음(성모)　모음(운모)

우리가 배워야 할 중국어의 자음과 모음은 아래의 표가 전부입니다. 게다가 모든 중국어의 자음과 모음이 서로 결합되지는 않으므로 학습할 발음들이 그렇게 많지 않습니다. 충분히 자신감을 가지셔도 됩니다!

b	p	m	f
d	t	n	l
g	k	h	
j	q	x	
z	c	s	
zh	ch	sh	r

자음(성모)

a	o	e	i	u	ü
ai	ao	an	ang		
ou	ong				
ei	en	eng			
ia	iao	ie	iu		
ian	in	iang	ing	iong	
ua	uo	uai	ui		
uan	un	uang	ueng		
üe	ün	üan			
er					

모음(운모)

☀ 주의 !!

중국어의 알파벳 발음 기호가 영어 알파벳과 비슷하지만 모두 같은 것은 아닙니다.

또한 우리말에 없는 일부 발음들이 있으니 많이 듣고 따라 하는 반복 학습이 중요합니다.

01 발음 연습, 기본 모음

Part1_01 녹음을 듣고 큰소리로 따라 읽어보세요!

음성강의 01

a
아

[a]는 입을 크게 벌려 [아]로 발음합니다.

o
오~어

[o]는 [오~어]로 발음합니다. 발음이 빨라지면 [오] 혹은 [어]로 들릴 수 있습니다.

e
으~어

[e]는 [으~어]로 발음합니다. 짧게 발음되면 [어]처럼 들리지만, 음의 높낮이가 크게 변할 때는 [으어]로 길게 발음합니다.

i
이/으

[i]는 우리말 [이]로 발음합니다. 단, 7개 자음(z, c, s, zh, ch, sh, r)과 만나면 [으]로 발음합니다.
단독 사용 표기 [yi]　[i=yi]

u
우

[u]는 입을 둥글게 하고 우리말 [우]처럼 발음합니다.
단독 사용 표기 [wu]　[u=wu]

ü

위

위에 점이 2개 있는 [ü]는 [위]로 발음합니다.

자음(j, q, x)와 결합 또는 단독으로 사용할 때는 위의 두 점이 생략됩니다.

단독 사용 표기 [yu]　[ü=yu]

발음 연습, 자음 1

 Part1_02 녹음을 듣고 큰소리로 따라 읽어보세요!

음성강의 02

b

ㅂ/ㅃ

[b]는 우리말 [ㅂ]으로 발음하는데, 강하게 발음하면 [ㅃ]으로 발음됩니다.
bo [보어/뽀어]

p

ㅍ

[p]는 우리말 [ㅍ]으로 발음합니다.
po [포어]

m

ㅁ

[m]은 우리말 [ㅁ]으로 발음합니다.
mo [모어]

f

f ㅍ

[f]는 영어의 [f]발음과 같습니다. 우리말에 없는 발음이기에 본 교재는 [fㅍ]로 보고 읽도록 합니다.
fo [f포어]

d

ㄷ/ㄸ

[d]는 우리말 [ㄷ]으로 발음하는데, 강하게 발음하면 [ㄸ]으로 발음됩니다.
de [드어/뜨어]

t

ㅌ

[t]은 우리말 [ㅌ]으로 발음합니다.

te [트어]

n

ㄴ

[n]은 우리말 [ㄴ]으로 발음합니다.

ne [느어]

l

ㄹ

[l]은 우리말 [ㄹ]으로 발음합니다.

le [르어]

g

ㄱ/ㄲ

[g]는 우리말 [ㄱ]으로 발음하며, 강하게 발음하면 [ㄲ]으로 발음됩니다.

ge [그어/끄어]

k

ㅋ

[k]는 우리말 [ㅋ]으로 발음합니다.

ke [크어]

h

ㅎ

[h]는 우리말 [ㅎ]으로 발음합니다.

he [흐어]

03 발음 연습, 자음 2

 Part1_03 녹음을 듣고 큰소리로 따라 읽어보세요!

음성강의 03

j
ㅈ/ㅉ
[j]는 우리말 [ㅈ]으로 발음하는데, 강하게 발음하면 [ㅉ]으로 발음됩니다.
ji [지/찌]

q
ㅊ
[q]는 우리말 [ㅊ]으로 발음합니다.
qi [치]

x
ㅅ/ㅆ
[x]는 우리말 [ㅅ]으로 발음하는데, 강하게 발음하면 [ㅆ]으로 발음됩니다.
xi [시/씨]

z
ㅉ
[z]는 우리말 [ㅉ]으로 강하게 발음합니다.
zi [쯔]

c
ㅊ
[c]는 우리말 [ㅊ]으로 강하게 발음합니다.
ci [츠]

s

ㅆ

[s]는 우리말 [ㅆ]으로 강하게 발음합니다.

si [쓰]

---

r

ㄹ

[r]은 우리말 [ㄹ]과 비슷하지만, 영어의 [r]처럼 혀를 뒤로 움직여 발음합니다. 모음 [i]와 결합하면 끝에 [r]발음이 강해져 본 교재는 [르r]로 보고 읽도록 합니다.

ri [르r]

---

zh

ㅈ/ㅉ

[zh]는 우리말 [ㅈ]과 비슷하지만, 영어의 [r]처럼 혀를 뒤로 움직여 발음합니다. 모음 [i]와 결합하면 끝에 [r]발음이 강해져 본 교재는 [즈r/쯔r]로 보고 읽도록 합니다.

zhi [즈r/쯔r]

---

ch

ㅊ

[ch]는 우리말 [ㅊ]과 비슷하지만, 영어의 [r]처럼 혀를 뒤로 움직여 발음합니다. 모음 [i]와 결합하면 끝에 [r]발음이 강해져 본 교재는 [츠r]로 보고 읽도록 합니다.

chi [츠r]

---

sh

ㅅ

[sh]는 우리말 [ㅅ]과 비슷하지만, 영어의 [sh]발음에 더 가깝습니다. 역시 영어의 [r]처럼 혀를 뒤로 움직여 발음합니다. 모음 [i]와 결합하면 끝에 [r]발음이 강해져 본 교재는 [스r]로 보고 읽도록 합니다.

shi [스r]

大家，加油！

발음 연습, 모음 1

 Part1_04 녹음을 듣고 큰소리로 따라 읽어보세요!

a i
아이

[ai]는 우리말 [아이]로 발음합니다.
bai [바이/빠이]   pai [파이]

ao
아오

[ao]는 우리말 [아오]로 발음합니다.
bao [바오/빠오]   pao [파오]

an
안

[an]은 우리말 [안]으로 발음합니다.
ban [반/빤]   pan [판]

ang
앙

[ang]은 우리말 [앙]으로 발음합니다.
bang [방/빵]   pang [팡]

ou
오우

[ou]는 우리말 [오우]로 발음합니다.
mou [모우]   fou [f포우]

ong
옹

[ong]은 우리말 [옹]으로 발음합니다.

dong [동/똥]   tong [통]

ei
에이

[e]는 우리말 [으어]로 발음하지만, 뒤에 [i]가 붙은 [ei]는 [에이]로 발음합니다.

dei [데이]   nei [네이]

eng
엉

[eng]은 우리말 [엉]으로 발음합니다.

geng [겅/껑]   keng [컹]

er
얼

[er]은 우리말 [얼]로 발음합니다.

er [얼]

大家，加油！

발음 연습, 모음 2

 Part1_05 녹음을 듣고 큰소리로 따라 읽어보세요!

음성강의 05

i a
이아

[ia]는 우리말 [이아] / [야]로 발음합니다. 단독 사용 표기 [ya]
dia [디아/띠아]   jia [지아/찌아]   [ia=ya]

i e
이에

[e]는 우리말 [으어]로 발음하지만, 뒤에 [i]가 붙은 [ie]는 [이에]로 발음합니다. 단독 사용 표기 [ye]
die [디에/띠에]   jie [지에/찌에]   [ie=ye]

i ao
이아오

[ia]는 우리말 [이아오] / [야오]로 발음합니다. 단독 사용 표기 [yao]
diao [디아오/띠아오]   jiao [지아오/찌아오]   [iao=yao]

i u
이(오)우

[iu]는 사실 [i]와 [u] 사이에 [o]가 생략되어 있어서, 우리말 [이오우] / [이우]로 발음합니다. 단독 사용 표기 [you]
jiu [지오우/찌오우]   qiu [치오우]   [iu=you]

i an
이엔

[ian]은 [이안]이 아닌 우리말 [이엔] / [옌]으로 발음합니다.
단독 사용 표기 [yan]
jian [지엔/찌엔]   qian [치엔]   [ian=yan]

in
인

[in]은 우리말 [인]으로 발음합니다. 단독 사용 표기 [yin]

jin [진/찐]   qin [친]   [in=yin]

ing
잉

[ing]은 우리말 [잉]으로 발음합니다. 단독 사용 표기 [ying]

jing [징/찡]   qing [칭]   [ing=ying]

iang
이앙

[iang]은 우리말 [이앙] / [양]으로 발음합니다. 단독 사용 표기 [yang]

jiang [지앙/찌앙]   qiang [치앙]   [iang=yang]

iong
이옹

[iong]은 우리말 [이옹] / [용]으로 발음합니다.
단독 사용 표기 [yong]

jiong [지옹/찌옹]   qiong [치옹]   [iong=yong]

大家，加油！

발음 연습, 모음 3

Part1_06 녹음을 듣고 큰소리로 따라 읽어보세요!

음성강의 06

ua
우아

[ua]는 우리말 [우아] / [와]로 발음합니다. 단독 사용 표기 [wa]

kua [쿠아]   hua [후아]   [ua=wa]

uo
우오

[uo]는 우리말 [우오] / [워]로 발음합니다. 단독 사용 표기 [wo]

kuo [쿠오]   huo [후오]   [uo=wo]

uai
우아이

[uai]는 우리말 [우아이] / [와이]로 발음합니다. 단독 사용 표기 [wai]

kuai [쿠아이]   huai [후아이]   [uai=wai]

ui
우(에)이

[ui]는 사실 [u]와 [i] 사이에 [e]가 생략되어 있어서, 우리말 [우에이] / [우이]로 발음합니다. 단독 사용 표기 [wei]

kui [쿠에이]   hui [후에이]   [ui=wei]

uan
우안

[uan]은 우리말 [우안] / [완]으로 발음합니다. 단독 사용 표기 [wan]

kuan [쿠안]   huan [후안]   [uan=wan]

un
운

[un]은 사실 [u]와 [n] 사이에 [e]가 생략되어 있는데, 줄여서 [운]으로 발음합니다. 단독 사용 표기 [wen] [우언=원]

kun [쿤]   hun [훈]   [un=wen]

uang
우앙

[uang]은 우리말 [우앙] / [왕]으로 발음합니다. 단독 사용 표기 [wang]

kuang [쿠앙]   huang [후앙]   [uang=wang]

ueng
우엉

[ueng]은 실질적으로 [weng]으로 표기하며 우리말 [우엉] / [웡]으로 발음합니다.

weng [우엉/웡]

üe
위에

[üe]는 우리말 [위에]로 발음합니다. 자음(j,q,x)과 결합 또는 단독으로 사용 시 두 점이 생략됩니다. 단독 사용 표기 [yue]

nüe [뉘에]   lüe [뤼에]   [üe=yue]

üan
위엔

[üan]은 [위안]이 아닌 우리말 [위엔]으로 발음합니다. 자음(j,q,x)과 결합 또는 단독으로 사용 시 두 점이 생략됩니다. 단독 사용 표기 [yuan]

juan [쥐엔]   quan [취엔]   [üan=yuan]

ün
윈

[ün]은 우리말 [윈]으로 발음합니다. 자음(j,q,x)과 결합 또는 단독으로 사용 시 두 점이 생략됩니다. 단독 사용 표기 [yun]

jun [쥔/쮠]   qun [췬]   [ün=yun]

확인 연습 1

1. 아래 한글 독음에 알맞은 중국어 자음을 오른쪽 빈칸에 적어보세요.

1 ㄱ		**2** ㄴ	
3 ㄷ		**4** ㅁ	
5 ㅂ		**6** ㅊ	
7 ㅋ		**8** ㅌ	
9 ㅍ		**10** ㅎ	

정답 : 1. g 2. n 3. d 4. m 5. b 6. c , q 7. k 8. t 9. p 10. h

2. 아래 한글 독음에 알맞은 중국어 모음을 오른쪽 빈칸에 적어보세요.

❶ 아		❷ 이엔	
❸ 으어		❹ 에이	
❺ 오어		❻ 이/으	
❼ 우		❽ 위	
❾ 우(에)이		❿ 이(오)우	

정답 : 1. a 2. ian 3. e 4. ei 5. o 6. i 7. u 8. ü 9. ui 10. iu

확인 연습 2

1. 아래 발음의 잘못된 부분을 오른쪽에 바르게 고쳐 적어보세요.

①	due i	
②	yü	
③	qüe	
④	ji ou	
⑤	kuen	

정답 : 1. dui 2. yu 3. que 4. jiu 5. kun

2. 아래 중국어 발음과 알맞은 한국어 독음을 선으로 연결해보세요.

① j i ong •   • 띠아오

② shuang •   • 후아이

③ diao •   • 취엔

④ quan •   • 슈앙

⑤ huai •   • 지옹

정답 : 1. jiong-지옹 2. shuang-슈앙 3. 띠아오-diao 4. quan-취엔 5. huai-후아이

잠깐!

발음악보
학습 가이드

Q1. 저절로 중국어 발음악보란?
Q2. 발음악보 100% 활용 방법은?

발음악보 학습법
혹시 들어봤니?

우리가 중국어 말의 높낮이를 소리로만 기억하기는 쉽지 않습니다. 발음악보는 이러한 학습의 어려움을 해결하기 위해 각각의 발음들을 악보처럼 높낮이로 기억하여 더 쉽게 배우고 더 오래 기억에 남는 신개념 학습 방법입니다. 발음악보의 특징과 활용방법에 대해서 알아봅시다.

중국어, 시작이 어렵다?

중국어는 말할 때 발음이 상당히 어렵고, 특히 노래처럼 말에 높낮이가 있기 때문에, 이 '발음'과 '높낮이'에 대한 선행학습이 필수적입니다. 그런데 일반적인 중국어 학습법에서는 발음과 높낮이를 표시할 때 알파벳(ex : ni hao ma)과 높낮이(一, /, v,＼)를 동시에 표기하는 '병음'으로 읽기 때문에 초보자들 입장에서는 이를 따라 하기가 매우 어려울 수 있습니다.

선행학습

성모

운모

성조

1성, 2성

3성, 4성

경성

기존의 중국어 읽기 방법

초보자들에게 너무나 어려운 중국어 '병음'
아래 중국어 문장을 한 번 읽어보세요.

너 잘 지내?

nǐ	hǎo	ma?

위의 중국어 문장을 한 번에 따라 말할 수 있다!

YES or (NO)

중국어 발음악보, 시작이 참 쉽다!

알파벳 대신 '한글 독음'을 사용하여 어려운 발음도 아주 쉽게 따라할 수 있습니다. '노래 악보'처럼 음의 높낮이를 표시하여 다양한 높낮이들을 자연스럽게 구사할 수 있습니다. 중국어 시작의 복잡한 과정들을 단 한 번에 해결하는 중국어 발음악보를 통해 이제 부담 없이 자신의 생각을 말해보세요.

저절로 중국어 '발음악보' 읽기 방법

초보자들도 쉽게 따라 할 수 있는 '발음악보'
마치 노래하듯 아래 중국어 문장을 읽어보세요.

너 잘 지내?

높은 음	이		
중간 음	니		마?
낮은 음		하오	

위의 중국어 문장을 한 번에 따라 말할 수 있다!

저절로 중국어 [발음악보]란?

기초 중국어 학습에서 발음과 높낮이는 가장 중요하지만 또한 가장 어려운 부분입니다. 저절로 중국어 [발음악보]는 악보에 그려진 한글 독음을 보고 중국어 문장을 한 눈에 기억할 수 있는 신개념 학습 방식 입니다.

▶발음악보 구성

2

높은 음	이		
중간 음	니		마?
낮은 음		하오	

1

nǐ	hǎo	ma ?

3

❶ 높낮이
발음악보는 모두 3줄로 위에서부터 각각 '높은 음', '중간 음', '낮은 음'을 나타냅니다.

❷ 한글 독음 변환
중국어 발음을 한글로 간편하게 바로 읽을 수 있습니다.
높낮이가 크게 바뀌는 2성과 4성은 음절을 길게 늘여 학습자가 더욱 정확한 중국어를 할 수 있
도록 유도했습니다. (니→니이)

❸ 실제 중국어 발음
발음악보로 입과 귀가 트인 후 중국어 병음(발음과 높낮이를 나타내는 알파벳)을 보며 실전 연
습이 가능합니다.

▶발음악보 특징

발음과 높낮이가 눈 앞에 저절로 보인다.

소리가 보인다! 발음악보는 우리가 학습하기 힘든 발음과 높낮이를 그림처럼 뇌에 기억시켜 저절로 단어와 문장을 습득하게 해줍니다.

한국어 독음 사용! 중국어의 시작이 너무 쉬워졌다!

한글로도 중국어의 발음을 90% 이상 표현할 수 있습니다. 가장 쉽게 듣고 가장 쉽게 기억하는 방식이 가장 효율적입니다.

빨리 기억되고 오래 기억에 남는다!

발음악보의 최대 장점은 바로 배워 바로 말할 수 있다는 점입니다. 초보자들의 학습을 방해하는 문제들을 한 번에 해결하여 빠르게 외워지고 오래 기억에 남습니다.

Q2

[발음악보] 100% 활용 방법은?

중국어를 막 시작한 학습자는 먼저 문장을 익히고 원어민 발음으로 교정 후 마지막에 스스로 말해보는 과정이 꼭 필요합니다. [발음악보]를 활용하여 최고의 학습효과를 내기 위해서는 아래와 같이 3단계로 연습하면 가장 좋습니다.

▶학습 단계

| step1 | 한글 독음을 보고 높낮이에 따라 3번 따라 말하기

이		
니		마?
	하오	

 X 3

| step2 | MP3를 들으며 정확한 원어민의 발음을 듣고 따라 말하기!

 Part3_01

| step3 | 실제 중국어 발음기호만 보고 스스로 말해보기!

nǐ	hǎo	ma ?

나는 아주 좋아.

높은 음		언	
중간 음		허	
낮은 음	워		하오
	Wǒ	hěn	hǎo

한글 독음을 높낮이에 따라 3번만 정확히 따라 읽어보세요.

자! 이제 눈을 감고 방금 읽은 문장을 생각해보세요.

신기하게 눈 앞에 학습한 중국어가 이미지로 보입니다!

말하기 준비운동 둘!

중국어 높낮이 연습

중국어는 말이
위아래 ♪위위아래♬

중국어의 발음을 모두 배우신 여러분!
이제 중국어의 높낮이 연습입니다. 중국어는 특히 같은 발
음이어도 높낮이가 달라지면 뜻이 달라지므로 정확한 높
낮이 학습이 필요합니다. 하지만 걱정하지 마세요! 우리에
게는 발음악보가 있으니까요. 출발～!!

머리 어깨 무릎 발 무릎 발~ ♩ ♫ ♪

중국어는 이 노래처럼 말에 높낮이가 있습니다. 이런 말의 높낮이를 중국어로는 '성조'라고 부릅니다. 기본적으로 1성(ˉ), 2성(／), 3성(∨), 4성(＼) 이렇게 4가지의 성조가 있고, 높낮이의 변화 없이 가볍게 소리 내는 경성이 있습니다.

1성 bā

빠

2성 bá

바 → 아

3성 bǎ

바

4성 bà

빠 → 아

경성 ba

아

높낮이(성조) 표시는 아래와 같이 모음 위에 하는데, 경성은 따로 표시하지 않습니다.

ā á ǎ à a

이건 꼭 알아야 해! 발음 학습 Tip3

tip1 ▶ 같은 발음 [ba]를 왜 [바] / [빠]로 다르게 발음하나요?

중국어의 [ba]는 [바]로 발음됩니다. 하지만 위에서는 [빠]로 발음되는 것은 왜일까요?
중국어에는 우리말의 'ㄲ, ㄸ, ㅃ, ㅆ, ㅉ' 등과 같은 된소리 표기가 없습니다. 그래서 [바]/[빠] 모두
[ba]로 나타내죠. 하지만 한국 사람이 듣기에는 분명 차이가 있습니다. 특히 높게 지속되는 1성과 높
은 음에서 강하게 낮아지는 4성을 소리 내면 자연스럽게 성대에 힘이 들어갑니다. 그래서 우리말 된
소리처럼 강하게 소리가 나기 때문에 높낮이에 따라 [바]/[빠]를 구분하였습니다.

tip2 ▶ 같은 발음 [ba]를 왜 [바아] / [빠아]처럼 길게 발음하나요?

중국어의 2성(밑에서 올라가는 음)과 4성(위에서 내려오는 음)은 높낮이의 변화가 커서 1성, 3성보다 길
게 발음해야 정확한 높낮이 변화가 이루어집니다. 한국 학생들은 특히 2성과 4성에서 길게 소리를
내지 않아서 성조가 부정확해지는 경우가 많습니다. 본 교재에서는 [바아]/[빠아]처럼 2성과 4성에
음절을 추가하여 충분히 높낮이의 변화가 일어나도록 유도했습니다.

tip3 ▶ 높낮이(성조) 표시 규칙

아래와 같이 입이 크게 벌어지는 모음 위에 우선적으로 높낮이(성조)를 표시합니다.

$$a_{[아]} > o_{[오어]}, e_{[으어]} > i_{[이]}, u_{[우]}, ü_{[위]}$$

☀ 주의 !!

[i]와 [u]가 같이 나오면 뒤에 위치하는 모음 위에 높낮이를 표시합니다.
[duì] [guì] [jiǔ] [qiú]
[i]에 높낮이를 표시할 때는 위에 점을 찍지 않고 대신 높낮이를 표시합니다.
[bī] [pí] [dǐ] [tì]

높낮이 연습, 음이 가장 높은 1성

빠

bā

[1성] 높게 유지되는 음
도레미파솔~ '솔' 높이로 가장 높게 유지
되는 소리를 냅니다.

🎧 Part2_01 녹음을 듣고 큰소리로 따라 읽어보세요!

yī	이
숫자 1	

sān	싼
숫자 3	

qī	치
숫자 7	

bā	빠
숫자 8	

tā

그, 그녀

타

jiā

집

찌아

duō

많다

뚜오

hē

마시다

흐어

shuō

말하다

슈오

08 높낮이 연습, 음이 높아지는 2성

bá

아
바 ↗

[2성] 낮은 음에서 높아지는 음
음을 밑에서 가장 높은 음까지 올려주며 약간 길게 소리냅니다.

🎧 Part2_02 녹음을 듣고 큰소리로 따라 읽어보세요!

dú		우
		두
읽다		

chá		아
		챠
마시는 차		

lái		이
		라
오다		

qián		엔
		치
돈		

shéi

누구

이

셰

rén

사람

언

러

bái

희다

이

바

mén

문

언

머

tí

문제

이

티

09 높낮이 연습, 음이 가장 낮은 3성

大家，加油！

bǎ

바

[3성] 가장 낮은 음에서 살짝 올라오는 음
최대한 낮은 소리로 굵고 짧게 내어 위로 높
아지는 2성과 확실한 차이를 둡니다.

🎧 Part2_03 녹음을 듣고 큰소리로 따라 읽어보세요!

wǔ

| 숫자 5 | 우 |

wǒ

| 나 | 워 |

nǐ

| 너, 당신 | 니 |

dǎ

| 치다, 때리다 | 다 |

jiǔ

숫자 9

지(오)우

yǒu

～가 있다

요우

mǎi

사다

마이

xiǎo

작다

씨아오

děng

기다리다

덩

10 높낮이 연습, 음이 낮아지는 4성

bà

빠
↘
아

[4성] 높은 음에서 낮아지는 음
가장 높은 음에서 아래로 강하게 내리며 약간
길게 소리 냅니다.

🎧 Part2_04 녹음을 듣고 큰소리로 따라 읽어보세요!

bà

아빠

빠
아

bù

아니다

뿌
우

dà

크다

따
아

sì

숫자 4

쓰
으

cài	차
	이
음식, 요리	

zì	쯔
	으
글자	

lù	루
	우
길	

mài	마
	이
팔다	

mèi	메
	이
여동생	

11 높낮이 연습, 편하게 내는 음 경성

ba

바 ➡

[경성] 힘을 빼고 가볍게 내는 음
높낮이의 변화가 없이 가장 편한 음으로 짧고
가볍게 툭 뱉는 소리입니다.

🎧 Part2_05 녹음을 듣고 큰소리로 따라 읽어보세요!

mā ma

엄마

마

　　마

gē ge

형

끄어

　　거(그어)

péng you

친구

엉

퍼　　요우

pián yi

싸다, 저렴하다

엔

피　　이

wǒ men

우리들

먼

워

nǐ men

너희들, 당신들

먼

니

xiè xie

고마워

씨

에 씨에

mèi mei

여동생

메

이 메이

kù zi

바지

쿠

우 쯔

높낮이 연습, 특별한 높낮이 변화

[특별한 높낮이 변화 1] '숫자1 – [yī]'

yī 　이 →

'一[yī]'가 단독으로 쓰이거나, 단어 마지막에 오면 원래 높낮이대로 1성 [yī]으로 읽습니다.

yí 　이 　이 ↗

'一[yī]'가 4성 앞에 올 때는 2성 [yí]으로 읽고 높낮이 표시도 2성(／)으로 바뀝니다.

yì 　이 　이 ↘

'一[yī]'가 1성, 2성, 3성 앞에 올 때는 4성 [yì]으로 읽고 높낮이 표시도 4성(＼)으로 바뀝니다.

🎧 Part2_06 녹음을 듣고 큰소리로 따라 읽어보세요!

yī	이
숫자 1	

tǒng yī	이
통일하다	통

yí yàng

같다

이	야
이	앙

yí wèi

한 분

이	웨
이	이

yì bān

일반적이다

이	빤
이	

yì píng

한 병

이	잉
이	피

yì qǐ

함께, 같이

이	
이	
	치

[특별한 높낮이 변화 2] 부정 표시 '不[bù]'

bù

뿌
우

부정을 나타내는 '不[bù]'의 원래 높낮이는 가장 높은 음에서 낮아지는 4성으로 소리냅니다.

bú

우
부

'不[bù]'가 4성 앞에 오면 낮음 음에서 높아지는 2성 [bú]으로 읽고, 높낮이 표시도 2성(／)으로 바뀝니다.

🎧 Part2_07 녹음을 듣고 큰소리로 따라 읽어보세요!

bù hǎo

뿌
우
하오

좋지 않다

bú mài

우   마
부   이

팔지 않다

bú dà

우   따
부   아

크지 않다

[특별한 높낮이 변화 3] 3성과 3성이 만났을 때

3성은 가장 낮은 음으로 소리내기가 힘듭니다. 이렇게 힘든 3성이 두 번 연속으로 나오면 편하게 발음하기 위하여 앞에 3성이 2성으로 변합니다.

주의 : 이때 높낮이 표시는 바뀌지 않습니다. (∨) (∨)

🎧 Part2_08 녹음을 듣고 큰소리로 따라 읽어보세요!

hěn hǎo

일반적으로

lǎo hǔ

호랑이

xǐ shǒu

손을 씻다

1. 오른쪽 발음악보를 보고 표시된 모음 위에 알맞은 높낮이를 그려보세요.

san
숫자 3

싼

l a i
오다

이
라

da
치다

다

ba
아빠

빠
아

lǎo hu
호랑이

오
라
후

정답 : sān / lái / dǎ / bà / lǎo hǔ

2. 높낮이 변화의 규칙에 따라 표시된 모음 위에 알맞은 높낮이를 그려보세요.

yǐ bàn

절반

이	빠
이	안

yǐ bān

일반적이다

이	빤
이	

yǐ míng

1명

이	잉
이	미

bu shǎo

적지 않다

뿌	
우	
	샤오

bu rè

덥지 않다

우	르
부	어

정답 : yí bàn / yì bān / yì míng / bù shǎo / bú rè

1. 아래에서 잘못 표시된 높낮이 위치를 찾아 오른쪽에 바르게 적어보세요.

❶ jìu		❷ dūi	
❸ shūo		❹ saō	
❺ gūa		❻ xúe	
❼ jǐa		❽ qīan	
❾ gaī		❿ sheí	

정답 : 1. jiù 2. duī 3. shuō 4. sāo 5. guā 6. xué 7. jiǎ 8. qiān 9. gāi 10. shéi

2. 아래 잰말놀이를 통해 중국어 높낮이를 연습해보세요.

① sì shì sì. [4는 4이고]

② shí shì shí. [10은 10이다.]

③ shí sì shì shí sì. [14는 14이고]

④ sì shí shì sì shí. [40은 40이다.]

PART

3

저절로 말하기!

첫걸음 중국어
기초 표현

인사 | 상태 | 감정 | 동작

하고싶은 말들
마음껏 다 해봐!

발음과 높낮이를 모두 배우신 여러분!
이제 실제 생활에서 사용할 수 있는 중국어의 인사, 상태,
감정, 동작, 등 다양한 첫걸음 필수 표현들을 발음악보를 통
해 쉽게 배워봅시다. 출발~!!

13 저절로 말하기, 기초 인사표현

大家，加油！

01. 안녕(하세요)!

02. 너 잘 지내니?

03. 오랜만이야.

04. 또 만나.

05. 조심히 가.

大家，加油！

안녕(하세요)!

🎧 Part3_01 [발음악보] 단어 연습♪

ON AIR

음성강의 13

녹음을 듣고 단어를 따라 읽어보세요!	✏️ 쓰면서 읽어보자!	
nǐ		
너	니	니
hǎo		
좋다	하오	하오

 원어민발음 tip 높낮이의 변화

가장 낮은 3성이 연속으로 나오면 소리내기가 힘들기 때문에 앞에 3성은 자연스럽게 음이 2성 (낮은 음에서 높은 음으로 변화)으로 바뀝니다.

녹음을 듣고 문장을 따라 읽어보세요!

이	
니	
	하오
nǐ	hǎo

✏️ 쓰면서 읽어보자! 발음과 높낮이가 100% 내 것!

이	
니	
	하오
너	좋다

📢 도전! 실전 말하기♬

발음악보를 기억하면서 아래 문장을 말해보세요!

Nǐ hǎo.

안녕(하세요)!

你 好。

한자쓰기 연습 → [부록] 간체자 쓰기 노트 03p

大家，加油！

너 잘 지내?

 Part3_02 [발음악보] 단어 연습 ♪

음성강의 14

녹음을 듣고 단어를 따라 읽어보세요!	쓰면서 읽어보자!	

nǐ		
너	니	니

hǎo		
좋다	하오	하오

ma		
~이니?	마	마

Part3_02 [발음악보] 문장 연습♪

녹음을 듣고 문장을 따라 읽어보세요!

이		
니		마?
	하오	
nǐ	hǎo	ma?

✎ 쓰면서 읽어보자! 발음과 높낮이가 100% 내 것!

이		
니		마?
	하오	
너	좋다	~이니?

◀️ 도전! 실전 말하기♫

발음악보를 기억하면서 아래 문장을 말해보세요!

Nǐ hǎo ma?

너 잘 지내?

你 好 吗?

한자쓰기 연습 → [부록] 간체자 쓰기 노트 03p

오랜만이야.

 Part3_03 [발음악보] 단어 연습 ♪

ON AIR
음성강의 15

녹음을 듣고 단어를 따라 읽어보세요!	쓰면서 읽어보자!

hǎo 좋다, 아주	하오	하오
jiǔ 오래되다	지(오)우	지(오)우
bù 아니다, 못하다	뿌 우	뿌 우
jiàn 보다, 만나다	찌 엔	찌 엔

원어민발음 tip　　**不의 높낮이의 변화**

不는 뒤에 4성이 오면 2성으로 높낮이가 바뀝니다. 不(bù) + 4성(\) → 不(bú) + 4성(\)

녹음을 듣고 문장을 따라 읽어보세요!

오			우	찌
하			부	엔
	지(오)우			
hǎo	jiǔ		bú	jiàn

✏️ 쓰면서 읽어보자! 발음과 높낮이가 100% 내 것!

오			우	찌
하			부	엔
	지(오)우			
아주	오래		아니다, 못하다	보다, 만나다

📢 도전! 실전 말하기 ♬

발음악보를 기억하면서 아래 문장을 말해보세요!

Hǎo jiǔ bú jiàn.

오랜만이야.

好 久 不 见。

한자쓰기 연습 → [부록] 간체자 쓰기 노트 04p

大家，加油!

또 만나.

 Part3_04 [발음악보] 단어 연습♪

녹음을 듣고 단어를 따라 읽어보세요! | 쓰면서 읽어보자!

zài

또, 다시

짜		짜	
	이		이

jiàn

보다, 만나다

찌		찌	
	엔		엔

Part3_04 [발음악보] 문장 연습 ♪

녹음을 듣고 문장을 따라 읽어보세요!

짜	찌
이	엔
zài	jiàn

✏️ 쓰면서 읽어보자! 발음과 높낮이가 100% 내 것!

짜	찌
이	엔
또, 다시	보다, 만나다

📢 도전! 실전 말하기 ♫

발음악보를 기억하면서 아래 문장을 말해보세요!

Zài jiàn.

또 만나.

再 见。

한자쓰기 연습 → [부록] 간체자 쓰기 노트 04p

大家，加油!

조심히 가.

 Part3_05 [발음악보] 단어 연습 ♪

ON AIR
음성강의 17

녹음을 듣고 단어를 따라 읽어보세요!	쓰면서 읽어보자!	

	마	마
màn	안	안
느리다		
zǒu		
가다, 걷다	쪼우	쪼우

Part3_05 [발음악보] 문장 연습 ♪

녹음을 듣고 문장을 따라 읽어보세요!

마	
안	
	쪼우
màn	zǒu

✎ 쓰면서 읽어보자! 발음과 높낮이가 100% 내 것!

마	
안	
	쪼우
천천히(느리게)	가다

📢 도전! 실전 말하기 ♬

발음악보를 기억하면서 아래 문장을 말해보세요!

Màn zǒu.

천천히 (조심히) 가.

慢 走。

한자쓰기 연습 → [부록] 간체자 쓰기 노트 05p

大家，加油！

너에게 고마워!

🎧 Part3_06 [발음악보] 단어 연습 ♪

ON AIR
음성강의 18

녹음을 듣고 단어를 따라 읽어보세요! | 쓰면서 읽어보자!

xièxie	씨		씨	
	에	씨에	에	씨에
감사하다				

nǐ				
너		니		니

녹음을 듣고 문장을 따라 읽어보세요!

씨	
에 씨에	
	니
xièxie	nǐ

✏ 쓰면서 읽어보자! 발음과 높낮이가 100% 내 것!

씨	
에 씨에	
	니
고마워	너

📢 도전! 실전 말하기 ♫

발음악보를 기억하면서 아래 문장을 말해보세요!

Xièxie nǐ!

너에게 고마워!

谢谢 你!

한자쓰기 연습 → [부록] 간체자 쓰기 노트 05p

大家，加油!

천만에 (체면 차리지 마).

 Part3_07 [발음악보] 단어 연습♪

ON AIR
음성강의 19

녹음을 듣고 단어를 따라 읽어보세요! | 쓰면서 읽어보자!

bù

아니다, 못하다

	뿌			뿌	
		우			우

kèqi

체면 차리다

크			크		
	어	치		어	치

녹음을 듣고 문장을 따라 읽어보세요!

우	크
부	어 치
bú	kè qi

쓰면서 읽어보자! 발음과 높낮이가 100% 내 것!

우	크
부	어 치
아니다, 못하다	체면 차리다

도전! 실전 말하기 ♬

발음악보를 기억하면서 아래 문장을 말해보세요!

Bú kèqi.

천만에 (체면 차리지 마).

不 客气。

한자쓰기 연습 → [부록] 간체자 쓰기 노트 06p

大家，加油!

미안해.

 Part3_08 [발음악보] 단어 연습♪

음성강의 20

녹음을 듣고 단어를 따라 읽어보세요!	쓰면서 읽어보자!	

	뚜	뚜
duì	(에)이	(에)이
마주하다		

	뿌	뿌
bù	우	우
아니다, 못하다		

qǐ		
일어나다	치	치

원어민발음 tip **不의 높낮이의 변화**

不는 단어와 단어 사이에 쓰일 때 가벼운 경성으로 소리나는 경우가 많습니다.

A 不(bù) B → A 不(bu) B

Part3_08 [발음악보] 문장 연습♪

녹음을 듣고 문장을 따라 읽어보세요!

뚜		
(에)이	부	
		치
duì	bu	qǐ

 쓰면서 읽어보자! 발음과 높낮이가 100% 내 것!

뚜		
(에)이	부	
		치
마주하다	못하다	일어나다

📣 도전! 실전 말하기♫

발음악보를 기억하면서 아래 문장을 말해보세요!

Duì bu qǐ.

미안해 (마주하여 고개를 들지 못하다).

对 不 起。

한자쓰기 연습 → [부록] 간체자 쓰기 노트 06p

괜찮아 (관계없어).

| 녹음을 듣고 단어를 따라 읽어보세요! | ✏️ 쓰면서 읽어보자! |

méi

없다

이	이
메	메

guānxi

관계

꾸안	꾸안
씨	씨

녹음을 듣고 문장을 따라 읽어보세요!

이	꾸안
메	씨
méi	guānxi

✏️ 쓰면서 읽어보자! 발음과 높낮이가 100% 내 것!

이	꾸안
메	씨
없다	관계

📢 도전! 실전 말하기 ♬

발음악보를 기억하면서 아래 문장을 말해보세요!

Méi guānxi.

괜찮아 (관계 없어).

没 关系。

한자쓰기 연습 → [부록] 간체자 쓰기 노트 07p

大家，加油!

잘 부탁해.

 Part3_10 [발음악보] 단어 연습♪

ON AIR
음성강의 22

녹음을 듣고 단어를 따라 읽어보세요! | ✏️ 쓰면서 읽어보자!

qǐng		
청하다, 부탁하다	칭	칭

duō duō		
많이	뚜오 뚜오	뚜오 뚜오

guānzhào		
보살피다	꾸안 쨔 오	꾸안 쨔 오

Part3_10 [발음악보] 문장 연습♪

녹음을 듣고 문장을 따라 읽어보세요!

	뚜오 뚜오	꾸안　쨔
		오
칭		
qǐng	duō duō	guānzhào

✏ 쓰면서 읽어보자! 발음과 높낮이가 100% 내 것!

	뚜오 뚜오	꾸안　쨔
		오
칭		
청하다, 부탁하다	많이	보살펴 주다

📢 도전! 실전 말하기♬

발음악보를 기억하면서 아래 문장을 말해보세요!

Qǐng duō duō guānzhào.

잘 부탁해 (많이 보살펴 주기를 부탁할게).

请 多多 关照。

한자쓰기 연습 → [부록] 간체자 쓰기 노트 07p

1. 아래 중국어 문장에 알맞은 한국어 뜻을 적어보세요.

1 **Nǐ hǎo.** 你 好。

뜻 : _____

2 **Nǐ hǎo ma?** 你 好 吗?

뜻 : _____

3 **Hǎo jiǔ bú jiàn.** 好 久 不 见。

뜻 : _____

4 **Zài jiàn.** 再 见。

뜻 : _____

5 **Màn zǒu.** 慢 走。

뜻 : _____

정답 : 1. 안녕! 2. 너 잘 지내니? 3. 오랜만이야. 4. 또 만나. 5. 조심히 가.

6 Xièxie nǐ!　　　　　　　谢谢 你!

뜻 : _____

7 Bú kèqi.　　　　　　　不 客气。

뜻 : _____

8 Duì bu qǐ.　　　　　　　对 不 起。

뜻 : _____

9 Méi guānxi.　　　　　　　没 关系。

뜻 : _____

10 Qǐng duōduō guānzhào.　　　请 多多 关照。

뜻 : _____

정답 : 6. 너에게 고마워! 7. 천만에. 8. 미안해. 9. 괜찮아. 10. 잘 부탁해.

확인 연습 2

1. 아래 한국어 뜻에 알맞은 중국어 발음을 적어보세요.

1 안녕!

발음 : _____

2 너 잘 지내니?

발음 : _____

3 오랜만이야.

발음 : _____

4 또 만나.

발음 : _____

5 조심히 가.

발음 : _____

정답 : 1. Nǐ hǎo. 2. Nǐ hǎo ma? 3. Hǎo jiǔ bú jiàn. 4. Zài jiàn. 5. Màn zǒu.

6 너에게 고마워!

발음 : _____

7 천만에.

발음 : _____

8 미안해.

발음 : _____

9 괜찮아.

발음 : _____

10 잘 부탁해.

발음 : _____

정답 : 6. Xièxie nǐ! 7. Bú kèqi. 8. Duì bu qǐ. 9. Méi guānxi. 10. Qǐng duōduō guānzhào.

저절로 말하기, 기초 상태표현

01. 나는 [예뻐].

02. 나는 [멋있어].

03. 너는 [아주 귀여워].

04. 너는 [아주 날씬해].

05. 그는 [매우 똑똑해].

06. 그녀는 [매우 빨라].

07. 이것은 [조금 커].

08. 이것은 [조금 어려워].

09. 저것은 [너무 많아].

10. 그것은 [너무 비싸].

大家，加油!

나는 예뻐.

 Part3_11 [발음악보] 단어 연습♪

ON AIR
음성강의 23

녹음을 듣고 단어를 따라 읽어보세요! | ✐ 쓰면서 읽어보자!

wǒ		
나	워	워

piàoliang	피	피
예쁘다, 아름답다	아오 량	아오 량

녹음을 듣고 문장을 따라 읽어보세요!

	피
	아오 량
워	
wǒ	piàoliang

✏️ 쓰면서 읽어보자! 발음과 높낮이가 100% 내 것!

	피
	아오 량
워	
나	예쁘다, 아름답다

📢 도전! 실전 말하기♫

발음악보를 기억하면서 아래 문장을 말해보세요!

Wǒ piàoliang.

나는 예뻐.

我 漂亮。

한자쓰기 연습 → [부록] 간체자 쓰기 노트 08p

大家，加油!

나는 멋있어.

Part3_12 [발음악보] 단어 연습 ♪

ON AIR
음성강의 24

녹음을 듣고 단어를 따라 읽어보세요! | 쓰면서 읽어보자!

wǒ		
나	워	워
shuài	슈 아이	슈 아이
멋있다		

Part3_12 [발음악보] 문장 연습 ♪

녹음을 듣고 문장을 따라 읽어보세요!

	슈
	아이
워	
wǒ	shuài

 쓰면서 읽어보자! 발음과 높낮이가 100% 내 것!

	슈
	아이
워	
나	멋있다

 도전! 실전 말하기 ♬

발음악보를 기억하면서 아래 문장을 말해보세요!

Wǒ shuài.

나는 멋있어.

我 帅。

한자쓰기 연습 → [부록] 간체자 쓰기 노트 08p

필수상태
03

너는 아주 귀여워.

 Part3_13 [발음악보] 단어 연습 ♪

음성강의 25

녹음을 듣고 단어를 따라 읽어보세요! | ✏️ 쓰면서 읽어보자!

nǐ
너, 당신

| | 니 | | 니 |

hěn
아주

| | 헌 | | 헌 |

kě' ài
귀엽다

	아		아
		이		이
커		커	

원어민발음 tip **3성 높낮이의 변화 II**

가장 낮은 3성이 연속으로 나오면 앞에 3성이 2성으로 바뀐다는 것은 이미 배웠습니다.

그러면 3성이 세 번 연속해서 나오면 어떻게 읽어야 할까요? 아래와 같이 연습해보세요.

3번 연속 → 3성(∨) + 2성(/) + 3성(∨)

니(∨)   허언(/)   커(∨)아이(＼)

녹음을 듣고 문장을 따라 읽어보세요!

	언	아
	허	이
니		커
nǐ	hěn	kě' ài

✏️ 쓰면서 읽어보자! 발음과 높낮이가 100% 내 것!

	언	아
	허	이
니		커
너, 당신	아주	귀엽다

📢 도전! 실전 말하기♫

발음악보를 기억하면서 아래 문장을 말해보세요!

Nǐ hěn kě' ài.

너는 아주 귀여워.

你 很 可爱。

한자쓰기 연습 → [부록] 간체자 쓰기 노트 09p

大家，加油！

너는 아주 날씬해

🎧 Part3_14 [발음악보] 단어 연습 ♪

ON AIR
음성강의 26

녹음을 듣고 단어를 따라 읽어보세요!	✏ 쓰면서 읽어보자!

nǐ
너, 당신

| | 니 | | 니 |

hěn
아주

| | 헌 | | 헌 |

shòu
마르다, 날씬하다

| 쇼 | | 쇼 | |
| | 우 | | 우 |

Part3_14 [발음악보] 문장 연습♪

녹음을 듣고 문장을 따라 읽어보세요!

이		쇼
니		우
	헌	
nǐ	hěn	shòu

 쓰면서 읽어보자! 발음과 높낮이가 100% 내 것!

이		쇼
니		우
	헌	
너, 당신	아주	마르다, 날씬하다.

 도전! 실전 말하기♫

발음악보를 기억하면서 아래 문장을 말해보세요!

Nǐ hěn shòu.

너는 아주 날씬해.

你 很 瘦。

한자쓰기 연습 → [부록] 간체자 쓰기 노트 09p

大家, 加油!

그는 매우 똑똑해.

🎧 Part3_15 [발음악보] 단어 연습 ♪

ON AIR

음성강의 27

녹음을 듣고 단어를 따라 읽어보세요! | ✏️ 쓰면서 읽어보자!

tā

그

타	타

fēi cháng

매우

f페이	앙	f페이	앙
챠		챠	

cōngming

총명하다, 똑똑하다

총		총	
	밍		밍

녹음을 듣고 문장을 따라 읽어보세요!

타	f페이	앙	총
		챠	밍
tā		fēicháng	cōngmíng

✏️ 쓰면서 읽어보자! 발음과 높낮이가 100% 내 것!

타	f페이	앙	총
		챠	밍
그		매우	똑똑하다

📢 도전! 실전 말하기♫

발음악보를 기억하면서 아래 문장을 말해보세요!

Tā fēicháng cōngming.

그는 매우 똑똑해.

他 非常 聪明。

한자쓰기 연습 → [부록] 간체자 쓰기 노트 10p

大家，加油!

그녀는 매우 빨라.

 Part3_16 [발음악보] 단어 연습 ♪

ON AIR

음성강의 28

녹음을 듣고 단어를 따라 읽어보세요! | ✏ 쓰면서 읽어보자!

tā

그녀

	타			타	

fēi cháng

매우

	f페이	앙		f페이	앙
		챠			챠

kuài

빠르다

	콰			콰	
		이			이

녹음을 듣고 문장을 따라 읽어보세요!

타	f페이	앙	콰
		챠	이
tā	fēicháng		kuài

✏️ 쓰면서 읽어보자! 발음과 높낮이가 100% 내 것!

타	f페이	앙	콰
		챠	이
그녀	매우		빠르다

📢 도전! 실전 말하기♬

발음악보를 기억하면서 아래 문장을 말해보세요!

Tā fēicháng kuài.

그녀는 매우 빨라.

她 非常 快。

한자쓰기 연습 → [부록] 간체자 쓰기 노트 10p

大家，加油!

이것은 조금 커.

 Part3_17 [발음악보] 단어 연습♪

음성강의 29

녹음을 듣고 단어를 따라 읽어보세요!	쓰면서 읽어보자!

zhège

이, 이것

쪄		쪄	
	어 거		어 거

yǒudiǎnr

조금, 약간

	우			우	
요			요		
		디알			디알

dà

크다

따		따	
	아		아

녹음을 듣고 문장을 따라 읽어보세요!

쪄		우	따
어 거		요	아
		디알	
zhège		yǒudiǎnr	dà

✏️ 쓰면서 읽어보자! 발음과 높낮이가 100% 내 것!

쪄		우	따
어 거		요	아
		디알	
이, 이것		조금, 약간	크다

📢 도전! 실전 말하기 ♬

발음악보를 기억하면서 아래 문장을 말해보세요!

Zhège yǒudiǎnr dà.

이것은 약간 커.

这个 有点儿 大。

한자쓰기 연습 → [부록] 간체자 쓰기 노트 11p

大家，加油！

이것은 조금 어려워.

ON AIR

음성강의 30

녹음을 듣고 단어를 따라 읽어보세요!　　　　　 쓰면서 읽어보자!

zhège	쪄			쪄	
		어	거		어 거
이, 이것					

yǒudiǎnr		우			우
	요			요	
			디알		디알
조금, 약간					

nán		안			안
	나			나	
어렵다, 곤란하다					

녹음을 듣고 문장을 따라 읽어보세요!

쩌		우	안
어	거	요	나
		디알	
zhège		yǒudiǎnr	nán

✏️ 쓰면서 읽어보자! 발음과 높낮이가 100% 내 것!

쩌		우	안
어	거	요	나
		디알	
이, 이것		조금, 약간	어렵다, 곤란하다

📢 도전! 실전 말하기 ♫

발음악보를 기억하면서 아래 문장을 말해보세요!

Zhège yǒudiǎnr nán.

이것은 조금 어려워.

这个 有点儿 难。

한자쓰기 연습 → [부록] 간체자 쓰기 노트 11p

저것은 너무 많아.

 Part3_19 [발음악보] 단어 연습♪

ON AIR
음성강의 31

녹음을 듣고 단어를 따라 읽어보세요! | 쓰면서 읽어보자!

nàge
저것, 그것

나			나		
	아	거		아	거

tài
너무~하다

	타			타	
		이			이

duō
많다

뚜오			뚜오		

le
조사 (강조)

	러			러	

녹음을 듣고 문장을 따라 읽어보세요!

나	타	뚜오	
아 거	이		러
nàge	tài	duō	le

✏️ 쓰면서 읽어보자! 발음과 높낮이가 100% 내 것!

나	타	뚜오	
아 거	이		러
저것, 그것	너무	많다	조사(강조)

📣 도전! 실전 말하기♬

발음악보를 기억하면서 아래 문장을 말해보세요!

Nàge tài duō le.

저것은 너무 많아.

那个 太 多 了。

한자쓰기 연습 → [부록] 간체자 쓰기 노트 12p

그것은 너무 비싸.

녹음을 듣고 단어를 따라 읽어보세요! | 쓰면서 읽어보자!

nàge
저것, 그것

나			나	
	아	거		아	거

tài
너무~하다

타		타	
	이		이

guì
비싸다

꾸		꾸	
(에)이		(에)이	

le
조사 (강조)

러		러	

녹음을 듣고 문장을 따라 읽어보세요!

나	타	꾸	
아 거	이	(에)이	러
nàge	tài	guì	le

🖊 쓰면서 읽어보자! 발음과 높낮이가 100% 내 것!

나	타	꾸	
아 거	이	(에)이	러
저것, 그것	너무	비싸다	조사(강조)

📢 도전! 실전 말하기♬

발음악보를 기억하면서 아래 문장을 말해보세요!

Nàge tài guì le.

그것은 너무 비싸.

那个 太 贵 了。

한자쓰기 연습 → [부록] 간체자 쓰기 노트 12p

확인 연습 1

1. 아래 중국어 문장에 알맞은 한국어 뜻을 적어보세요.

❶ Wǒ piàoliang.　　　　　　　我 漂亮。

뜻 : _____

❷ Wǒ shuài.　　　　　　　　　我 帅。

뜻 : _____

❸ Nǐ hěn kě'ài.　　　　　　　你 很 可爱。

뜻 : _____

❹ Nǐ hěn shòu.　　　　　　　你 很 瘦。

뜻 : _____

❺ Tā fēicháng cōngming.　　　他 非常 聪明。

뜻 : _____

정답 : 1. 나는 예뻐. 2. 나는 멋있어. 3. 너는 아주 귀여워.
4. 너는 아주 날씬해. 5. 그는 매우 똑똑해.

6 Tā fēicháng kuài.   她 非常 快。

뜻 : _____

7 Zhège yǒudiǎnr dà.   这个 有点儿 大。

뜻 : _____

8 Zhège yǒudiǎnr nán.   这个 有点儿 难。

뜻 : _____

9 Nàge tài duō le.   那个 太 多 了。

뜻 : _____

10 Nàge tài guì le.   那个 太 贵 了。

뜻 : _____

정답 : 6. 그녀는 매우 빨라. 7. 이것은 조금 커. 8. 이것은 조금 어려워.
9. 저것은 너무 많아. 10. 그것은 너무 비싸.

확인 연습 2

1. 아래 한국어 뜻에 알맞은 중국어 발음을 적어보세요.

1 나는 예뻐.

발음 : _____

2 나는 멋있어.

발음 : _____

3 너는 아주 귀여워.

발음 : _____

4 너는 아주 날씬해.

발음 : _____

5 그는 매우 똑똑해.

발음 : _____

정답 : 1. Wǒ piàoliang. 2. Wǒ shuài. 3. Nǐ hěn kě'ài.
4. Nǐ hěn shòu. 5. Tā fēicháng cōngming.

6 그녀는 매우 빨라.

발음 : _____

7 이것은 조금 커.

발음 : _____

8 이것은 조금 어려워.

발음 : _____

9 저것은 너무 많아.

발음 : _____

10 그것은 너무 비싸.

발음 : _____

정답 : 6. Tā fēicháng kuài. 7. Zhège yǒudiǎnr dà. 8. Zhège yǒudiǎnr nán.
9. Nàge tài duō le. 10. Nàge tài guì le.

01. 나는 [아주 즐거워].

02. 나는 [아주 기뻐].

03. 나는 [매우 행복해].

04. 나는 [매우 화나].

05. 그는 [조금 긴장돼].

06. 그는 [조금 걱정돼].

07. 그녀는 [조금 피곤해].

08. 그녀는 [조금 배고파].

09. 나는 [너를 사랑해].

10. 나는 [그를 미워해].

大家，加油!

나는 아주 즐거워.

 Part3_21 [발음악보] 단어 연습♪

ON AIR

음성강의 33

녹음을 듣고 단어를 따라 읽어보세요!	쓰면서 읽어보자!

wǒ	
나	워
	워
hěn	
아주	헌
	헌
카이 씬	카이 씬
kāixīn	
즐겁다	

녹음을 듣고 문장을 따라 읽어보세요!

		카이 씬
워		
	헌	
wǒ	hěn	kāixīn

✏️ 쓰면서 읽어보자! 발음과 높낮이가 100% 내 것!

		카이 씬
워		
	헌	
나	아주	즐겁다

📣 도전! 실전 말하기 ♫

발음악보를 기억하면서 아래 문장을 말해보세요!

Wǒ hěn kāixīn.

나는 아주 즐거워.

我 很 开心。

한자쓰기 연습 → [부록] 간체자 쓰기 노트 13p

大家，加油!

나는 아주 기뻐.

 Part3_22 [발음악보] 단어 연습 ♪

ON AIR
음성강의 34

녹음을 듣고 단어를 따라 읽어보세요!	쓰면서 읽어보자!

wǒ
나

워	워

hěn
아주

헌	헌

까오 씨	까오 씨
잉	잉

gāoxìng
기쁘다

녹음을 듣고 문장을 따라 읽어보세요!

		까오 씨
워		잉
	헌	
wǒ	hěn	gāoxìng

쓰면서 읽어보자! 발음과 높낮이가 100% 내 것!

		까오 씨
워		잉
	헌	
나	아주	기쁘다

📢 도전! 실전 말하기♫

발음악보를 기억하면서 아래 문장을 말해보세요!

Wǒ hěn gāoxìng.

나는 아주 기뻐.

我 很 高兴。

한자쓰기 연습 → [부록] 간체자 쓰기 노트 13p

大家, 加油!

나는 매우 행복해.

 Part3_23 [발음악보] 단어 연습♪

ON AIR
음성강의 35

녹음을 듣고 단어를 따라 읽어보세요! 쓰면서 읽어보자!

wǒ 나		워		워
	f페이	앙	f페이	앙
fēichǎng 매우		챠		챠
	씨	우	씨	우
xìngfú 행복하다	잉	f푸	잉	f푸

녹음을 듣고 문장을 따라 읽어보세요!

	f페이	앙	씨	우
		챠		잉 f푸
워				
wǒ		fēicháng		xìngfú

✏️ 쓰면서 읽어보자! 발음과 높낮이가 100% 내 것!

	f페이	앙	씨	우
		챠		잉 f푸
워				
나		매우		행복하다

📣 도전! 실전 말하기 ♫

발음악보를 기억하면서 아래 문장을 말해보세요!

Wǒ fēicháng xìngfú.

나는 매우 행복해.

我 非常 幸福。

한자쓰기 연습 → [부록] 간체자 쓰기 노트 14p

大家，加油

나는 매우 화나.

🎧 Part3_24 [발음악보] 단어 연습♪

ON AIR
음성강의 36

녹음을 듣고 단어를 따라 읽어보세요!

✏️ 쓰면서 읽어보자!

wǒ
나

	워		워

fēicháng
매우

f페이	앙	f페이	앙
챠		챠	

shēngqì
화나다, 성내다

셩	치	셩	치
이		이	

녹음을 듣고 문장을 따라 읽어보세요!

	f페이	앙	성	치
	챠			이
워				
wǒ	fēicháng		shēngqì	

🖊 쓰면서 읽어보자! 발음과 높낮이가 100% 내 것!

	f페이	앙	성	치
	챠			이
워				
나	매우		화나다, 성내다	

📢 도전! 실전 말하기♫

발음악보를 기억하면서 아래 문장을 말해보세요!

Wǒ fēicháng shēngqì.

나는 매우 화나.

我 非常 生气。

한자쓰기 연습 → [부록] 간체자 쓰기 노트 14p

大家，加油!

그는 조금 긴장돼.

 Part3_25 [발음악보] 단어 연습 ♪

녹음을 듣고 단어를 따라 읽어보세요!	✏ 쓰면서 읽어보자!

tā	타	타
그		

yǒudiǎnr	우 / 요 / 디알	우 / 요 / 디알
약간, 조금		

jǐnzhāng	쨩 / 진	쨩 / 진
긴장하다		

녹음을 듣고 문장을 따라 읽어보세요!

타	우	쨩
	요	
	디알	진
tā	yǒudiǎnr	jǐnzhāng

🖊 쓰면서 읽어보자! 발음과 높낮이가 100% 내 것!

타	우	쨩
	요	
	디알	진
그	약간, 조금	긴장하다

📢 도전! 실전 말하기♫

발음악보를 기억하면서 아래 문장을 말해보세요!

Tā yǒudiǎnr jǐnzhāng.

그는 조금 긴장돼.

他 有点儿 紧张。

한자쓰기 연습 → [부록] 간체자 쓰기 노트 15p

大家，加油！

그는 조금 걱정돼.

 Part3_26 [발음악보] 단어 연습 ♪

ON AIR

음성강의 38

녹음을 듣고 단어를 따라 읽어보세요! | ✎ 쓰면서 읽어보자!

tā

그

	타		타

yǒudiǎnr

약간, 조금

	우		우
요		요	
	디알		디알

dānxīn

걱정하다, 염려하다

딴 씬		딴 씬	

녹음을 듣고 문장을 따라 읽어보세요!

타	우	딴 씬
	요	
		디알
tā	yǒudiǎnr	dānxīn

✏️ 쓰면서 읽어보자! 발음과 높낮이가 100% 내 것!

타	우	딴 씬
	요	
		디알
그	약간, 조금	걱정하다, 염려하다

📢 도전! 실전 말하기♬

발음악보를 기억하면서 아래 문장을 말해보세요!

Tā yǒudiǎnr dānxīn.

그는 조금 걱정돼.

他 有点儿 担心。

한자쓰기 연습 → [부록] 간체자 쓰기 노트 15p

大家, 加油!

그녀는 조금 피곤해.

 Part3_27 [발음악보] 단어 연습♪

ON AIR
음성강의 39

녹음을 듣고 단어를 따라 읽어보세요!	✏️ 쓰면서 읽어보자!

tā
그녀

타	타

yǒudiǎnr
약간, 조금

우	우
요	요
디알	디알

lèi
피곤하다, 지치다

| 레 | 레 |
| 이 | 이 |

녹음을 듣고 문장을 따라 읽어보세요!

타	우	레
	요	이
	디알	
tā	yǒudiǎnr	lèi

✏️ 쓰면서 읽어보자! 발음과 높낮이가 100% 내 것!

타	우	레
	요	이
	디알	
그녀	약간, 조금	피곤하다, 지치다

📢 도전! 실전 말하기♫

발음악보를 기억하면서 아래 문장을 말해보세요!

Tā yǒudiǎnr lèi.

그녀는 조금 피곤해.

她 有点儿 累。

한자쓰기 연습 → [부록] 간체자 쓰기 노트 16p

大家，加油！

그녀는 조금 배고파.

 Part3_28 [발음악보] 단어 연습♪

ON AIR

음성강의 40

녹음을 듣고 단어를 따라 읽어보세요! | ✏ 쓰면서 읽어보자!

tā

그녀

	타		타

yǒudiǎnr

약간, 조금

우		우	
요		요	
	디알		디알

è

배고프다

으		으	
	어		어

녹음을 듣고 문장을 따라 읽어보세요!

타	우	으
	요	어
	디알	
tā	yǒudiǎnr	è

쓰면서 읽어보자! 발음과 높낮이가 100% 내 것!

타	우	으
	요	어
	디알	
그녀	약간, 조금	배고프다

도전! 실전 말하기 ♫

발음악보를 기억하면서 아래 문장을 말해보세요!

Tā yǒudiǎnr è.

그녀는 조금 배고파.

她 有点儿 饿。

한자쓰기 연습 → [부록] 간체자 쓰기 노트 16p

나는 너를 사랑해.

 Part3_29 [발음악보] 단어 연습 ♪

ON AIR
음성강의 41

녹음을 듣고 단어를 따라 읽어보세요!	✏️ 쓰면서 읽어보자!

wǒ		
나	워	워

ài		
	아	아
	이	이
사랑하다		

nǐ		
너, 당신	니	니

녹음을 듣고 문장을 따라 읽어보세요!

	아	
	이	
워		니
wǒ	ài	nǐ

쓰면서 읽어보자! 발음과 높낮이가 100% 내 것!

	아	
	이	
워		니
나	사랑하다	너, 당신

도전! 실전 말하기 ♬

발음악보를 기억하면서 아래 문장을 말해보세요!

Wǒ ài nǐ.

나는 너를 사랑해.

我 爱 你。

한자쓰기 연습 → [부록] 간체자 쓰기 노트 17p

大家, 加油!

나는 그를 미워해.

🎧 Part3_30 [발음악보] 단어 연습♪

ON AIR
음성강의 42

녹음을 듣고 단어를 따라 읽어보세요! | ✏️ 쓰면서 읽어보자!

wǒ
나

tǎoyàn
미워하다, 싫어하다

tā
그

	워	워
예		예
	엔	엔
타오	타오	
	타	타

🎧 Part3_30 [발음악보] 문장 연습 ♪

녹음을 듣고 문장을 따라 읽어보세요!

어	예	타
워	엔	
	타오	
wǒ	tǎoyàn	tā

✏️ 쓰면서 읽어보자! 발음과 높낮이가 100% 내 것!

어	예	타
워	엔	
	타오	
나	미워하다, 싫어하다	그

📢 도전! 실전 말하기 ♬

발음악보를 기억하면서 아래 문장을 말해보세요!

Wǒ tǎoyàn tā.

나는 그를 미워해.

我 讨厌 他。

한자쓰기 연습 → [부록] 간체자 쓰기 노트 17p

확인 연습 1

1. 아래 중국어 문장에 알맞은 한국어 뜻을 적어보세요.

1 Wǒ hěn kāixīn.   我 很 开心。

뜻 : _____

2 Wǒ hěn gāoxìng.   我 很 高兴。

뜻 : _____

3 Wǒ fēicháng xìngfú.   我 非常 幸福。

뜻 : _____

4 Wǒ fēicháng shēngqì.   我 非常 生气。

뜻 : _____

5 Tā yǒudiǎnr jǐnzhāng.   他 有点儿 紧张。

뜻 : _____

정답 : 1. 나는 아주 즐거워. 2. 나는 아주 기뻐. 3. 나는 매우 행복해.

4. 나는 매우 화나. 5. 그는 조금 긴장돼.

6 Tā yǒudiǎnr dānxīn.　　他 有点儿 担心。

뜻 : _____

7 Tā yǒudiǎnr lèi.　　她 有点儿 累。

뜻 : _____

8 Tā yǒudiǎnr è.　　她 有点儿 饿。

뜻 : _____

9 Wǒ ài nǐ.　　我 爱你。

뜻 : _____

10 Wǒ tǎoyàn tā.　　我 讨厌 他。

뜻 : _____

정답 : 6. 그는 조금 걱정돼. 7. 그녀는 조금 피곤해. 8. 그녀는 조금 배고파.
9. 나는 너를 사랑해. 10. 나는 그를 미워해.

확인 연습 2

1. 아래 한국어 뜻에 알맞은 중국어 발음을 적어보세요.

1 나는 아주 즐거워.

발음 : _____

2 나는 아주 기뻐.

발음 : _____

3 나는 매우 행복해.

발음 : _____

4 나는 매우 화나.

발음 : _____

5 그는 조금 긴장돼.

발음 : _____

정답 : 1. Wǒ hěn kāixīn. 2. Wǒ hěn gāoxìng. 3. Wǒ fēicháng xìngfú.
4. Wǒ fēicháng shēngqì. 5. Tā yǒudiǎnr jǐnzhāng.

6 그는 조금 걱정돼.

발음 : _____

7 그녀는 조금 피곤해.

발음 : _____

8 그녀는 조금 배고파.

발음 : _____

9 나는 너를 사랑해.

발음 : _____

10 나는 그를 미워해.

발음 : _____

정답 : 6. Tā yǒudiǎnr dānxīn.　7. Tā yǒudiǎnr lèi.　8. Tā yǒudiǎnr è.
9. Wǒ ài nǐ.　10. Wǒ tǎoyàn tā.

16

저절로 말하기, 기초 동작표현

01. 나는 [밥을 먹어].

02. 나는 [커피를 마셔].

03. 나는 [음악을 들어].

04. 나는 [영화를 봐].

05. 그는 [컴퓨터를 켜].

06. 그는 [물건을 사].

07. 그는 [북경에 가].

08. 그녀는 [서울에 와].

09. 그녀는 [집에 있어].

10. 그녀는 [차가 있어].

大家, 加油!

나는 밥을 먹어.

 Part3_31 [발음악보] 단어 연습♪

녹음을 듣고 단어를 따라 읽어보세요! | ✏ 쓰면서 읽어보자!

wǒ
나

워	워

chī
먹다

츠r	츠r

fàn
밥

f파	f파
안	안

원어민발음 tip fàn(f파안)

　fàn(f파안)은 영어의 f처럼 윗니로 아래 입술을 살짝 물었다 떼며 발음합니다.

녹음을 듣고 문장을 따라 읽어보세요!

		츠r	f파
			안
워			
wǒ		chī	fàn

쓰면서 읽어보자! 발음과 높낮이가 100% 내 것!

		츠r	f파
			안
워			
나		먹다	밥

도전! 실전 말하기 ♬

발음악보를 기억하면서 아래 문장을 말해보세요!

Wǒ chī fàn.

나는 밥을 먹어.

我 吃 饭。

한자쓰기 연습 → [부록] 간체자 쓰기 노트 18p

大家，加油!

나는 커피를 마셔.

Part3_32 [발음악보] 단어 연습♪

ON AIR
음성강의 44

녹음을 듣고 단어를 따라 읽어보세요!　　　　✏ 쓰면서 읽어보자!

wǒ	워	워
나		
hē	흐어	흐어
마시다		
kāfēi	카 f페이	카 f페이
커피		

녹음을 듣고 문장을 따라 읽어보세요!

	흐어	카 f페이
워		
wǒ	hē	kāfēi

✏ 쓰면서 읽어보자! 발음과 높낮이가 100% 내 것!

	흐어	카 f페이
워		
나	마시다	커피

📣 도전! 실전 말하기 ♬

발음악보를 기억하면서 아래 문장을 말해보세요!

Wǒ hē kāfēi.

나는 커피를 마셔.

我 喝 咖啡。

한자쓰기 연습 → [부록] 간체자 쓰기 노트 18p

大家，加油！

나는 음악을 들어.

🎧 Part3_33 [발음악보] 단어 연습♪

ON AIR
음성강의 45

녹음을 듣고 단어를 따라 읽어보세요! | ✏ 쓰면서 읽어보자!

wǒ 나	워	워
tīng 듣다	팅	팅
yīnyuè 음악	인 위 에	인 위 에

녹음을 듣고 문장을 따라 읽어보세요!

		팅	인 위
			에
워			
wǒ		tīng	yīnyuè

✏ 쓰면서 읽어보자! 발음과 높낮이가 100% 내 것!

		팅	인 위
			에
워			
나		듣다	음악

📢 도전! 실전 말하기♬

발음악보를 기억하면서 아래 문장을 말해보세요!

Wǒ tīng yīnyuè.

나는 음악을 들어.

我 听 音乐。

한자쓰기 연습 → [부록] 간체자 쓰기 노트 19p

大家，加油!

나는 영화를 봐.

 Part3_34 [발음악보] 단어 연습♪

 ON AIR
음성강의 46

녹음을 듣고 단어를 따라 읽어보세요! | 쓰면서 읽어보자!

wǒ
나

워	워

kàn
보다

카	카
안	안

diànyǐng
영화

띠	띠
엔	엔
잉	잉

녹음을 듣고 문장을 따라 읽어보세요!

	카	띠
	안	엔
워		잉
wǒ	kàn	diànyǐng

✏ 쓰면서 읽어보자! 발음과 높낮이가 100% 내 것!

	카	띠
	안	엔
워		잉
나	보다	영화

📢 도전! 실전 말하기♬

발음악보를 기억하면서 아래 문장을 말해보세요!

Wǒ kàn diànyǐng.

나는 영화를 봐.

我 看 电影。

한자쓰기 연습 → [부록] 간체자 쓰기 노트 19p

그는 컴퓨터를 켜.

 Part3_35 [발음악보] 단어 연습 ♪

ON AIR
음성강의 47

| 녹음을 듣고 단어를 따라 읽어보세요! | ✏️ 쓰면서 읽어보자! |

tā
그

타	타

kāi
켜다

카이	카이

diànnǎo
컴퓨터

띠		띠	
엔		엔	
	나오		나오

Part3_35 [발음악보] 문장 연습♪

녹음을 듣고 문장을 따라 읽어보세요!

타	카이	띠
		엔
		나오
tā	kài	diànnǎo

✏ 쓰면서 읽어보자! 발음과 높낮이가 100% 내 것!

타	카이	띠
		엔
		나오
그	켜다	컴퓨터

📢 도전! 실전 말하기♫

발음악보를 기억하면서 아래 문장을 말해보세요!

Tā kāi diànnǎo.

그는 컴퓨터를 켜.

他 开 电脑。

한자쓰기 연습 → [부록] 간체자 쓰기 노트 20p

大家，加油!

그는 물건을 사.

🎧 Part3_36 [발음악보] 단어 연습♪

ON AIR
음성강의 48

녹음을 듣고 단어를 따라 읽어보세요! | ✏️ 쓰면서 읽어보자!

tā
그

타	타

mǎi
사다

마이	마이

dōngxi
물건

똥	똥
시	시

Part3_36 [발음악보] 문장 연습 ♪

녹음을 듣고 문장을 따라 읽어보세요!

타		똥
		시
	마이	
tā	mǎi	dōngxi

✏️ 쓰면서 읽어보자! 발음과 높낮이가 100% 내 것!

타		똥
		시
	마이	
그	사다	물건

📢 도전! 실전 말하기 ♫

발음악보를 기억하면서 아래 문장을 말해보세요!

Tā mǎi dōngxi.

그는 물건을 사.

他 买 东西。

한자쓰기 연습 → [부록] 간체자 쓰기 노트 20p

大家，加油!

그는 북경에 가.

🎧 Part3_37 [발음악보] 단어 연습♪

음성강의 49

녹음을 듣고 단어를 따라 읽어보세요!

✏️ 쓰면서 읽어보자!

tā
그

타	타

qù
가다

취	취
위	위

Běijīng
북경

찡	찡
베이	베이

원어민발음 tip   qù(취)

qù(취)에서 '위' 발음은 한국어의 '위'와 달리 발음이 끝날 때까지 입술에 힘을 주어 모양을 그대로 유지시킵니다. 녹음을 듣고 반복 연습해보세요!

녹음을 듣고 문장을 따라 읽어보세요!

타	취	찡
	위	
		베이
tā	qù	Běijīng

 쓰면서 읽어보자! 발음과 높낮이가 100% 내 것!

타	취	찡
	위	
		베이
그	가다	북경

🔊 도전! 실전 말하기 ♫

발음악보를 기억하면서 아래 문장을 말해보세요!

Tā qù Běijīng.

그는 북경에 가.

他 去 北京。

한자쓰기 연습 → [부록] 간체자 쓰기 노트 21p

大家，加油！

그녀는 서울에 와.

🎧 Part3_38 [발음악보] 단어 연습 ♪

ON AIR
음성강의 50

녹음을 듣고 단어를 따라 읽어보세요! | 쓰면서 읽어보자!

tā
그녀

타		타	

lái
오다

	이		이
라		라	

Shǒu' ěr
서울

우		우	
쇼		쇼	
	얼		얼

녹음을 듣고 문장을 따라 읽어보세요!

타	이	우
	라	쇼
		얼
tā	lái	Shǒu'ěr

쓰면서 읽어보자! 발음과 높낮이가 100% 내 것!

타	이	우
	라	쇼
		얼
그녀	오다	서울

도전! 실전 말하기 ♬

발음악보를 기억하면서 아래 문장을 말해보세요!

Tā lái Shǒu'ěr.

그녀는 서울에 와.

她 来 首尔。

한자쓰기 연습 → [부록] 간체자 쓰기 노트 21p

大家，加油!

그녀는 집에 있어.

🎧 Part3_39 [발음악보] 단어 연습 ♪

음성강의 51

녹음을 듣고 단어를 따라 읽어보세요!   ✏️ 쓰면서 읽어보자!

tā 그녀	타		타
zài ~에 있다	싸 이		싸 이
jiā 집	찌아		찌아

녹음을 듣고 문장을 따라 읽어보세요!

타	짜	찌아
	이	
tā	zài	jiā

✏️ 쓰면서 읽어보자! 발음과 높낮이가 100% 내 것!

타	짜	찌아
	이	
그녀	~에 있다	집

📢 도전! 실전 말하기 ♬

발음악보를 기억하면서 아래 문장을 말해보세요!

Tā zài jiā

그녀는 집에 있어.

她 在 家。

한자쓰기 연습 → [부록] 간체자 쓰기 노트 22p

大家，加油!

그녀는 차가 있어.

 Part3_40 [발음악보] 단어 연습♪

음성강의 52

녹음을 듣고 단어를 따라 읽어보세요!	쓰면서 읽어보자!

tā	타	타
그녀		

yǒu		
~이/가 있다	요우	요우

chē	쳐	쳐
자동차		

녹음을 듣고 문장을 따라 읽어보세요!

타		쳐
	요우	
tā	yǒu	chē

✏️ 쓰면서 읽어보자! 발음과 높낮이가 100% 내 것!

타		쳐
	요우	
그녀	~가 있다	자동차

📣 도전! 실전 말하기 ♬

발음악보를 기억하면서 아래 문장을 말해보세요!

Tā yǒu chē.

그녀는 차가 있어.

她 有 车。

한자쓰기 연습 → [부록] 간체자 쓰기 노트 22p

확인 연습 1

1. 아래 중국어 문장에 알맞은 한국이 뜻을 적어보세요.

① Wǒ chī fàn.　　　　我 吃 饭。

뜻 : _____

② Wǒ hē kāfēi.　　　　我 喝 咖啡。

뜻 : _____

③ Wǒ tīng yīnyuè.　　　　我 听 音乐。

뜻 : _____

④ Wǒ kàn diànyǐng.　　　　我 看 电影。

뜻 : _____

⑤ Tā kāi diànnǎo.　　　　他 开 电脑。

뜻 : _____

정답 : 1. 나는 밥을 먹어. 2. 나는 커피를 마셔. 3. 나는 음악을 들어.
4. 나는 영화를 봐. 5. 그는 컴퓨터를 켜.

6 Tā mǎi dōngxi.　　　　他 买 东西。

뜻 : _____

7 Tā qù Běijīng.　　　　他 去 北京。

뜻 : _____

8 Tā lái Shǒu'ěr.　　　　她 来 首尔。

뜻 : _____

9 Tā zài jiā.　　　　她 在 家。

뜻 : _____

10 Tā yǒu chē.　　　　她 有 车。

뜻 : _____

정답 : 6. 그는 물건을 사. 7. 그는 북경에 가. 8. 그녀는 서울에 와.
9. 그녀는 집에 있어. 10. 그녀는 차가 있어.

확인 연습 2

1. 아래 한국어 뜻에 알맞은 중국어 발음을 적어보세요.

① 나는 밥을 먹어.

발음 : _____

② 나는 커피를 마셔.

발음 : _____

③ 나는 음악을 들어.

발음 : _____

④ 나는 영화를 봐.

발음 : _____

⑤ 그는 컴퓨터를 켜.

발음 : _____

정답 : 1. Wǒ chī fàn. 2. Wǒ hē kāfēi. 3. Wǒ tīng yīnyuè.
4. Wǒ kàn diànyǐng. 5. Tā kāi diànnǎo.

6 그는 물건을 사.

발음 : _____

7 그는 북경에 가.

발음 : _____

8 그녀는 서울에 와.

발음 : _____

9 그녀는 집에 있어.

발음 : _____

10 그녀는 차가 있어.

발음 : _____

정답 : 6. Tā mǎi dōngxi. 7. Tā qù Běijīng. 8. Tā lái Shǒu'ěr.
9. Tā zài jiā. 10. Tā yǒu chē.

저절로 말하기!

첫걸음 중국어
표현 확장

하나만 배워도
표현이 X3!!

중국어의 기본 표현들을 잘 익히셨나요?
이제 마지막 표현 풍부하게 확장하기 단계입니다. 왕초보가
꼭 할 수 있어야 하는 기본 문장에 핵심 단어만 바꾸면서 가
능한 표현들을 늘려보세요. 출발~!!

17

大家，加油！

저절로 말하기, 나는 ( )이다.

▶ A와 B 사이에 '〜이다' 의미의 스r [shì]을 넣어주면 우리말 'A는 B이다' 라는 의미가 됩니다.

A	스	shì [〜이다]	B
	으r		

🎧 Part4_01

ON AIR
음성강의 53

▶ A교체 연습

나	
wǒ	워

너	
nǐ	니

그/그녀	타
tā	

▶ B교체 연습

선생님		스r
lǎoshī	라오	

한국인	안 오 언
	하 구 러
hánguórén	

의사	이 셩
yīshēng	

나는 선생님이야.

		스		스r
		으r		
워			라오	
Wǒ		shì	lǎo	shī

我是老师。

너는 한국사람이야.

	스	안	오	언
	으r	하	구	러
니				
Nǐ	shì	hán	guó	rén

你是韩国人。

그는 의사야.

타	스	이	셩
	으r		
Tā	shì	yī	shēng

他是医生。

나는 선생님이야.

Wǒ (shì) lǎoshī.

너는 한국사람이야.

Nǐ (shì) hánguórén.

그는 의사야.

Tā (shì) yīshēng.

나는 선생님이야.

我（是）老师。
Wǒ　　shì　　lǎoshī

너는 한국사람이야.

你（是）韩国人。
Nǐ　　shì　　hánguórén.

그는 의사야.

他（是）医生。
Tā　　shì　　yīshēng.

한자쓰기 연습 → [부록] 간체자 쓰기 노트 25p

18

저절로 말하기, 나는 (　)을 들어.

▶ A와 B 사이에 '듣다' 의미의 팅 [tīng]을 넣어주면 우리말 'A는 B를 듣다' 라는 의미가 됩니다.

A	팅	tīng [듣다]	B

Part4_02

음성강의 54

▶ A교체 연습

나	
wǒ	워

너	
nǐ	니

그/그녀	타
tā	

▶ B교체 연습

음악	인	위
		에
yīnyuè		

라디오		뽀어
guǎngbō	광	

뉴스	씬	언
		워
xīnwén		

나는 음악을 들어.

		팅	인	위
				에
워				
Wǒ		tīng	yīn	yuè

我听音乐。

너는 라디오를 들어.

		팅		뽀어
니			광	
Nǐ		tīng	guǎng	bō

你听广播。

그녀는 뉴스를 들어.

타		팅	씬	언
				워
Tā		tīng	xīn	wén

她听新闻。

나는 음악을 들어.

Wǒ (tīng) yīnyuè.

너는 라디오를 들어.

Nǐ (tīng) guǎngbō.

그녀는 뉴스를 들어.

Tā (tīng) xīnwén.

나는 음악을 들어.

我（听）音乐。

Wǒ　　 tīng　　 yīnyuè.

너는 라디오를 들어.

你（听）广播。

Nǐ　　 tīng　　 guǎngbō.

그녀는 뉴스를 들어.

她（听）新闻。

Tā　　 tīng　　 xīnwén.

한자쓰기 연습 → [부록] 간체자 쓰기 노트 27p

19

저절로 말하기, 나는 (   )을 봐.

▶ A와 B 사이에 '보다' 의미의 칸 [kàn]을 넣어주면 우리말 'A는 B를 보다' 라는 의미가 됩니다.

A	카	**kàn**	B
	안	[보다]	

 Part4_03

ON AIR

음성강의 55

▶ A교체 연습

나	
wǒ	워

너	
nǐ	니

그/그녀	타
tā	

▶ B교체 연습

책	슈
shū	

종이 신문	빠
	오
bàozhǐ	즈r

시합	싸
	이
bǐsài	비

나는 책을 봐.

		카		슈
		안		
워				
Wǒ		kàn		shū

我看书。

너는 (종이)신문을 봐.

		카	빠	
		안	오	
니				즈r
Nǐ		kàn	bào	zhǐ

你看报纸。

그는 시합을 봐.

타		카		싸
		안		이
			비	
Tā		kàn	bǐ	sài

他看比赛。

나는 책을 봐.

Wǒ (kàn) shū.

너는 (종이)신문을 봐.

Nǐ (kàn) bàozhǐ.

그는 시합을 봐.

Tā (kàn) bǐsài.

나는 책을 봐.

我（看）书。

Wǒ　　kàn　　shū.

너는 (종이)신문을 봐.

你（看）报纸。

Nǐ　　kàn　　bàozhǐ.

그는 시합을 봐.

他（看）比赛。

Tā　　kàn　　bǐsài.

한자쓰기 연습 → [부록] 간체자 쓰기 노트 29p

20

大家，加油！

저절로 말하기, 나는 (　)을 먹어.

▶ A와 B 사이에 '～을 먹다' 의미의 츠r [chī]을 넣어주면 우리말 'A는 B를 먹는다' 라는 의미가 됩니다

A	츠r	chī [먹다]	B

Part4_04

ON AIR

음성강의 56

▶ A교체 연습

나	
wǒ	워

너	
nǐ	니

그/그녀	타
tā	

▶ B교체 연습

빵	미	빠오
	엔	
miànbāo		

만두		쯔
jiǎozi	지아오	

요리	차	
		이
cài		

나는 빵을 먹어.

		츠r	미	빠오
			엔	
워				
Wǒ		chī	miàn	bāo

我吃面包。

너는 만두를 먹어.

		츠r		
				쯔
니			지아오	
Nǐ		chī	jiǎo	zi

你吃饺子。

그녀는 요리를 먹어.

타		츠r		차
				이
Tā		chī		cài

她吃菜。

나는 빵을 먹어.

Wǒ (chī) miànbāo.

너는 만두를 먹어.

Nǐ (chī) jiǎozi.

그녀는 요리를 먹어.

Tā (chī) cài.

나는 빵을 먹어.

我（吃）面包。

Wǒ　　chī　　miànbāo.

너는 만두를 먹어.

你（吃）饺子。

Nǐ　　chī　　jiǎozi.

그녀는 요리를 먹어.

她（吃）菜。

Tā　　chī　　cài.

한자쓰기 연습 → [부록] 간체자 쓰기 노트 31p

21 저절로 말하기, 나는 (   )을 마셔.

大家，加油！

▶ A와 B 사이에 '마시다' 의미의 흐어 [hē]를 넣어주면 우리말 'A는 B를 마시다' 라는 의미가 됩니다.

A	흐어 hē [마시다]	B

🎧 Part4_05

ON AIR
음성강의 57

▶ A교체 연습

나	
wǒ	워

너	
nǐ	니

그/그녀	타
tā	

▶ B교체 연습

물	
shuǐ	슈(에)이

차	아
	챠
chá	

우유	우
	니(오)
niúnǎi	나이

나는 물을 마셔.

	흐어	
워		슈(에)이
Wǒ	hē	shuǐ

我喝水。

너는 차를 마셔.

	흐어	아
		챠
니		
Nǐ	hē	chá

你喝茶。

그는 우유를 마셔.

타	흐어	우	
		니(오)	
			나이
Tā	hē	niú	nǎi

他喝牛奶。

나는 물을 마셔.

Wǒ (hē) shuǐ.

너는 차를 마셔.

Nǐ (hē) chá.

그는 우유를 마셔.

Tā (hē) niúnǎi.

나는 물을 마셔.

我（喝）水。

Wǒ　　hē　　shuǐ.

너는 차를 마셔.

你（喝）茶。

Nǐ　　hē　　chá.

그는 우유를 마셔.

他（喝）牛奶。

Tā　　hē　　niúnǎi.

한자쓰기 연습 → [부록] 간체자 쓰기 노트 33p

22 저절로 말하기, 나는 (   )에 가/와.

▶ A와 B 사이에 '가다' 의미의 취 [qù]를 넣어주면 우리말 'A는 B에 가다' 라는 의미가 됩니다.
또 같은 자리에 '오다' 의미의 라이 [lái]를 넣어주면 우리말 'A는 B에 오다' 라는 의미가
됩니다.

A	취 위	qù [가다]	이 라	lái [오다]	B

🎧 Part4_06

ON AIR
음성강의 58

▶ A교체 연습

나	
wǒ	워

너	
nǐ	니

그/그녀	타
tā	

▶ B교체 연습

학교	에	씨
	쉬	아오
xuéxiào		

회사	꽁	쓰
gōngsī		

상점(가게)	샹	띠
		엔
shāngdiàn		

나는 학교에 가.

	취		에	씨
		위	쒸	아오
워				
Wǒ	qù		xué	xiào

我去学校。

너는 회사로 와.

	이	꽁	쓰
	라		
니			
Nǐ	lái	gōng	sī

你来公司。

그녀는 상점에 가/와.

타	취		이	샹	띠
		위	라		엔
Tā	qù	lái		shāng	diàn

她(去/来)商店。

나는 학교에 가.

Wǒ (qù) xuéxiào.

너는 회사로 와.

Nǐ (lái) gōngsī.

그녀는 상점에 가/와.

Tā (qù/lái) shāngdiàn.

나는 학교에 가.

我（去）学校。

Wǒ　　qù　　xuéxiào.

너는 회사로 와.

你（来）公司。

Nǐ　　lái　　gōngsī.

그녀는 상점에 가/와.

她（去/来）商店。

Tā　　qù / lái　　shāngdiàn.

한자쓰기 연습 → [부록] 간체자 쓰기 노트 35p

저절로 말하기, 나는 (   )에 있어.

▶ A와 B 사이에 '~에 있다' 의미의 짜이 [zài]를 넣어주면 우리말 'A는 B에 있다' 라는 의미가 됩니다.

A	짜 이	zài [~에 있다]	B

🎧 Part4_07

ON AIR
음성강의 59

▶ A교체 연습

나	
wǒ	워

너	
nǐ	니

그/그녀	타
tā	

▶ B교체 연습

집	찌아
jiā	

커피숍	카	f페이	팅
kāfēitīng			

슈퍼마켓	챠오	스
		으r
chāoshì		

나는 집에 있어.

		짜	찌아
		이	
워			
Wǒ		zài	jiā

我在家。

너는 커피숍에 있어.

		짜	카	f페이	팅
		이			
니					
Nǐ		zài	kā	fēi	tīng

你在咖啡厅。

그는 슈퍼마켓에 있어.

타		짜	챠오	스
		이		으r
Tā		zài	chāo	shì

他在超市。

나는 집에 있어.

Wǒ (zài) jiā.

너는 커피숍에 있어.

Nǐ (zài) kāfēitīng.

그는 슈퍼마켓에 있어.

Tā (zài) chāoshì.

나는 집에 있어.

我（在）家。

Wǒ　zài　jiā.

너는 커피숍에 있어.

你（在）咖啡厅。

Nǐ　zài　kāfēitīng.

그는 슈퍼마켓에 있어.

他（在）超市。

Tā　zài　chāoshì.

한자쓰기 연습 → [부록] 간체자 쓰기 노트 37p

24 저절로 말하기, 나는 (   )가 있어.

大家，加油！

▶ A와 B 사이에 '~가 있다' 의미의 요우 [yǒu]를 넣어주면 우리말 'A는 B가 있다.' 라는 의미가
됩니다.

A		yǒu [~가 있다]	B
	요우		

🎧 Part4_08

ON AIR
음성강의 60

▶ A교체 연습

나	
wǒ	워

너	
nǐ	니

그/그녀	타
tā	

▶ B교체 연습

시간	으 스	찌엔
shíjiān		

옷	이	
yīfu		f푸

친구	영	
péngyou	퍼	요우

나는 시간이 있어.

어		으r	찌엔
워		스	
	요우		
Wǒ	yǒu	shí	jiān

我有时间。

너는 옷이 있어.

이		이	
니		f푸	
	요우		
Nǐ	yǒu	yī	fu

你有衣服。

그녀는 친구가 있어.

타		엉	
		퍼	요우
	요우		
Tā	yǒu	péng	you

她有朋友。

나는 시간이 있어.

Wǒ (yǒu) shíjiān.

너는 옷이 있어.

Nǐ (yǒu) yīfu.

그녀는 친구가 있어.

Tā (yǒu) péngyou.

나는 시간이 있어.

我（有）时间。
Wǒ　　yǒu　　shíjiān.

너는 옷이 있어.

你（有）衣服。
Nǐ　　yǒu　　yīfu.

그녀는 친구가 있어.

她（有）朋友。
Tā　　yǒu　　péngyou.

한자쓰기 연습 → [부록] 간체자 쓰기 노트 39p

PLUS

첫걸음
필수 단어 100

회화를 잘 하려면
단어부터 차근차근!

아는 단어들이 많아질수록 할 수 있는 표현도 늘어납니다.
교재에서 배운 단어에 기초 단어를 추가하여 바로 배워 바
로 사용하는 100개의 필수 단어를 학습해보세요!

이	
	1
yī	一

어	
얼	**2**
èr	二

싼	
	3
sān	三

쓰	
으	**4**
sì	四

	5
우	
wǔ	五

리	
(오)우	**6**
liù	六

치	
	7
qī	七

빠	
	8
bā	八

	9
지(오)우	
jiǔ	九

으r	
스	**10**
shí	十

위		월
에		
yuè		月

하		일
오		
hào		号

씽	치	주
xīng qī		星期

씽	치	이	월요일
xīng qī yī			星期一

씽	치	어	화요일
		얼	
xīng qī èr			星期二

씽	치	싼	**수요일**
xīng qī sān			星期三

씽	치	쓰	**목요일**
		으	
xīng qī sì			星期四

씽	치		**금요일**
		우	
xīng qī wǔ			星期五

씽	치	리	**토요일**
		(오)우	
xīng qī liù			星期六

씽	치	티엔	**일요일**
xīng qī tiān			星期天

빠			
아	바		**아버지**
	bà ba		爸爸

마			
	마		**어머니**
	mā ma		妈妈

끄어			
	그어(거)		**형**
	gē ge		哥哥

	지에(제)		**누나**
지에			
	jiě jie		姐姐

띠			
이	디		**남동생**
	dì di		弟弟

메		
이	메이	**여동생**
mèi mei		妹妹

얼		
어	쯔	**아들**
ér zi		儿子

	얼	
	어	**딸**
뉘		
nǚ ér		女儿

씨옹	띠	
	이	**형제**
xiōng dì		兄弟

	메	
	이	**자매**
지에		
jiě mèi		姐妹

	나
워	
wǒ	我

	너, 당신
니	
nǐ	你

타	그
tā	他

타	그녀
tā	她

쓰 찌	(운전)기사
sī jī	司机

우	우		엔	종업원
f푸		우	위	
	fú wù yuán			服务员

	오			사장
라				
		반		
	lǎo bǎn			老板

이		성		의사
	yī shēng			医生

		스r		선생님
라오				
	lǎo shī			老师

	에			학생
쒸		성		
	xué sheng			学生

쩌 어	**이**
zhè	这

쩌 얼	**여기**
zhèr	这儿

나 아	**저, 그**
nà	那

나 알	**저기, 거기**
nàr	那儿

  나	**어느**
nǎ	哪

어디

날

nǎr

哪儿

이

셰

누가, 누구

shéi

谁

머

션

무슨, 무엇

shén me

什么

으r 호

머 스 우

션

언제

shén me shí hòu

什么时候

웨

이 머

션

왜

wèi shén me

为什么

츠r	먹다
chī	吃

카 안	보다
kàn	看

우 두	읽다
dú	读

흐어	마시다
hē	喝

카이	열다, 켜다
kāi	开

꾸안	닫다, 끄다
guān	关
마이	사다
mǎi	买
마 이	팔다
mài	卖
슈오	말하다
shuō	说
쭈 오	(~을) 하다
zuò	做

	생각하다 (그리워하다)
씨앙	
xiǎng	想

		좋아하다
	환	
씨		
xǐ huan		喜欢

	사랑하다
아	
이	
ài	爱

		기쁘다
까오	씨	
	잉	
gāo xìng		高兴

	피곤하다
레	
이	
lèi	累

쿠		**졸리다**
은		
kùn		困

으		**배고프다**
어		
è		饿

성	치	**화나다**
	이	
shēng qì		生气

아		**번거롭다**
마	f판	
má fan		麻烦

예		**미워하다**
	엔	
타오		
tǎo yàn		讨厌

	아		귀엽다
		이	(사랑스럽다)
크어			
kě ài			可爱

피			예쁘다
아오	량		
piào liang			漂亮

안	카		못생기다
나		안	
nán kàn			难看

슈			멋있다
	아이		
shuài			帅

			춥다
렁			
lěng			冷

르 어 rè	**덥다** 热
따 아 dà	**크다** 大
  씨아오 xiǎo	**작다** 小
뚜오 duō	**많다** 多
  샤오 shǎo	**적다** 少

디엔	
dián	点
시	

f펀	
fēn	分
분	

미아오	
miǎo	秒
초	

샹	
짜오	
zǎo shang	早上
아침	

샹	
완	
wǎn shang	晚上
저녁	

샤		**오전**
앙		
	우	
shàng wǔ		上午

씨		**오후**
아		
	우	
xià wǔ		下午

	티엔	**어제**
오		
쭈		
zuó tiān		昨天

찐	티엔	**오늘**
jīn tiān		今天

잉	티엔	**내일**
미		
míng tiān		明天

이		옷
	f푸	
yī fu		衣服

쿠		바지
우	쯔	
kù zi		裤子

윈		치마
취	쯔	
qún zi		裙子

에		신발
씨	쯔	
xié zi		鞋子

마		모자
오	쯔	
mào zi		帽子

와		양말
아	쯔	
wà zi		袜子

	타	장갑
	오	
쇼우		
shǒu tào		手套

우		손목시계
쇼		
	비아오	
shǒu biǎo		手表

엔	빠오	지갑
치		
qián bāo		钱包

빠오		가방
bāo		包

Memo

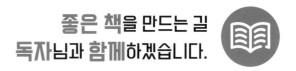

좋은 **책**을 만드는 길
독자님과 **함께**하겠습니다.

노래처럼 따라 하는
저절로 중국어 회화 첫걸음

개정1판1쇄 발행	2022년 1월 5일 (인쇄일 2021년 12월 13일)
초 판 발 행	2017년 2월 10일 (인쇄일 2017년 1월 17일)
발 행 인	박영일
책 임 편 집	이해욱
지 은 이	SD어학연구소
편 집 진 행	김상현
표지디자인	김도연
편집디자인	조은아
발 행 처	시대인
공 급 처	(주)시대고시기획
출 판 등 록	제 10-1521호
주 소	서울시 마포구 큰우물로 75 [도화동 538 성지 B/D] 9F
전 화	1600-3600
팩 스	02-701-8823
홈 페 이 지	www.edusd.co.kr
I S B N	979-11-383-1476-3 (13720)
정 가	15,000원

※ 이 책은 저작권법의 보호를 받는 저작물이므로 동영상 제작 및 무단전재와 배포를 금합니다.
※ 잘못된 책은 구입하신 서점에서 바꾸어 드립니다.